쉬어도 쉰 것 같지 않은 사람을 위한 책

SHINRYONAIKAI GA OSHIERU HONTONO YASUMIKATA

by Yusuke Suzuki

Copyright © 2023 Yusuke Suzuki

All rights reserved.

Original Japanese edition published by ASCOM INC.

Korean Translation rights © 2025 by Sideways Publishing Company

This Korean language edition is published by arrangement with ASCOM INC., Tokyo
in care of Tuttle-Mori Agency, Inc., Tokyo, through AMO AGENCY, Korea.

이 책의 한국어판 저작권은 AMO Agency 를 통해
저작권자와 독점 계약한 도서출판 사이드웨이에 있습니다.
저작권법에 의하여 한국 내에서 보호를 받는 저작물이므로
무단 전재 및 복제를 금합니다.

정신건강의가
알려주는
진짜 휴식

스즈키 유스케 지음
최서희 옮김

쉬어도 쉰 것 같지 않은 사람을 위한 책

SIDEWAYS

시작하며

지금, 많은 사람이 자기도 모르는 사이에 피로나 스트레스를 떠안고 있습니다.

과학 기술의 고도화로 우리는 편리한 생활을 누립니다. 대다수 사람은 스마트폰이나 태블릿, PC 등으로 인터넷에서 간편하게 유익한 정보를 얻거나 오락을 즐길 수 있습니다.

그런데도 몸과 마음의 밸런스를 무너트리는 사람이 끊이지 않습니다. 마음의 병을 앓고 있는 사람, 수면 장애가 있는 사람, 정신건강이 나빠져 휴직한 사람이 계속 증가하고 있습니다.

커뮤니케이션이 점점 복잡해진 결과 과도한 정보를 처리하지 못하고, 무엇을 믿고 무엇에 의지하며 살아야 할지 알 수 없어졌기 때문일지도 모릅니다. 집에 돌아와도 걱정거리가 사라지지 않아서 심신이 피폐해지거나, 스트레스가 한계까지 쌓이거나, 마음에 상처를 입은 사람이 적지 않습니다. 그리고 '아무리 쉬어도 피로가 풀리지 않는다', '애초에 충분히 쉴 시간이 없다', '제대로 쉬지 못한다'라고 느끼는 사람도 많습니다.

여러분 중에서도 이렇게 생각하는 사람이 있지 않습니까?

- 쉬고 싶은데 일이 바빠서 쉴 수 없다
- 육아 중이라 자기 시간을 전혀 낼 수 없다
- 회사에서 돌아오면 에너지를 다 써버려서 무언가를 할 기력이 없다
- 주말에도 집안일이나 가족 행사, 다음 주 업무 준비 등에 쫓겨 피로를 풀 새도 없이 주말이 지나가 버린다
- 나이가 들어 쉬는 시간은 생겼지만, 미래를 생각하면 불안해서 마음이 편하지 않다

제가 운영하는 클리닉에도 업무나 생활 속에서 매일 상처받고 해소하지 못할 만큼의 스트레스를 받고 있지만, 충분히 쉬지 못해서 몸과 마음의 한계를 느낀 분들이 종종 찾아옵니다.

한계에 도달하면 어떻게 될까요? 먼저 몸이 말을 듣지 않게 됩니다. 머리로는 '나는 괜찮아', '일하고 싶어', '사람을 만나고 싶어'라고 생각하지만, 아침에 도저히 일어나지 못하거나 출근 혹은 귀가 도중에 두근거림이나 메스꺼움을 느끼기도 하고 이유 없이 눈물이 멈추지 않는 일이 일어납니다. 그 결과 부득이

하게 일을 쉬거나 치료가 필요하게 된 사람도 있습니다.

물론 스트레스의 원인인 힘든 업무나 어려운 인간관계에서 벗어나거나 적절한 치료를 받으면 대부분은 사회 안에서 살아갈 힘을 되찾을 수 있지만, 심신의 상태가 더 나빠지기 전에 제대로 휴식을 취해 회복할 수 있다면 그보다 더 좋은 것이 없습니다. 그러나 쉬는 날에 잠만 자거나 뒹굴뒹굴하며 시간을 보낸다고 해서 상태가 나아진다고는 할 수 없습니다. 사실 각자의 개성이나 그때그때의 심신 상태 등에 따라 '몸과 마음을 치유할 수 있는 진정한 의미의 휴식 방법'은 다릅니다.

이 책에서는 '바빠서 쉴 시간을 낼 수 없다', '쉬는 날에도 마음이 가라앉지 않는다', '쉬고 있다고 생각했는데 좀처럼 피로가 풀리지 않는다'라고 토로하는 여러분에게 비록 짧은 시간이라도 '진정한 휴식'을 취하기 위한 방법을 전하려고 합니다.

이 책을 통해 여러분이 몸과 마음을 치유하고 조금이라도 '살아가기 편해졌다'라고 느낄 수 있기를 마음 깊이 바라고 있습니다.

차례

시작하며 005

1부 피곤하지만 쉴 수 없는 사람에게
정신건강의가 알려주는 진짜 휴식 방법

1장 피곤한데 푹 쉬지 못하는 이유는 무엇일까? 013
2장 인간은 '휴식의 필요성'을 잘 느끼지 못한다 017
3장 사실은 아무 때나 '쉬어도 된다' 027
4장 '과잉 적응'이 계속되면 마음은 점점 마비된다 033
5장 '몸과 마음의 피로'가 풀리면
    상상 이상으로 긍정적이 될 수 있다 040

2부 몸과 마음을 치유하는 열쇠는
'자연스러운 흔들림'과 '자율신경'에 있다

6장 마음도 신경도 '자연스럽게 흔들리는' 정도가 딱 좋다 045
7장 셀리에의 '고전적 스트레스 이론'으로는
    다 설명할 수 없는 스트레스 반응 055
8장 포지스 박사가 발견한 새로운 스트레스 이론 063
9장 사람은 너무 힘들면 '힘들지 않게 된다' 070

3부 사람은 '안전'하다고 느끼거나 '안심'하면 치유되고 회복한다

¶ 다미주신경 이론에 의해 밝혀진 것   079
10장 몸과 마음의 해상도를 높이는 부교감신경의 두 가지 기능   082
11장 나의 스트레스는 교감신경과 배측계 중
       어느 쪽에서 나타나고 있을까?   090
12장 '허무하고' '쓸쓸하고' '희망이 없는' 요즘 시대의 아픔이란   095
13장 기합의 문제가 아니라 '신경학적 방어 반응'이다   107
¶ 다미주신경 이론에 관한 보충   116

4부 내 몸이 필요로 하는 것을 알고 적절한 회복 행동을 취하자

14장 내 몸에 맞는 휴식 방법을 찾자   121
15장 신체적인 안정감을 느끼려면
       '복측 미주신경' 작용이 필요하다   126
16장 미주신경을 자극하면 질병도 치료할 수 있다   130
17장 긴장감을 완화하는 복측 미주신경 자극 운동   133
18장 '지금, 여기의 감각으로 돌아가기'를 위한 기술   137
19장 '몸이 원하는 것'을 잘 파악하는 방법   140
20장 '사회적인' 내가 아닌 '개인적인' 나의 말을 되찾자   145
21장 사람과 이어지지 않아도 괜찮다   148
22장 살아가기 괴로울 때 나를 '지탱'해 준 것은   151
23장 세상과 나를 연결하는 회로는 쉽게 끊어지지 않는다   153

5부 새로운 자신을 발견할 수 있는 'BASIC Ph' 이야기

24장 세계를 바라보는 시각이 변하는 BASIC Ph 이론   159
25장 패턴을 파악하면 쉽게 회복할 수 있다   167
26장 새로운 채널을 개척할 수도 있다   177

6부 '몸과 조화를 이루는' 삶의 방식을 지향하자

27장 화를 내고 싶을 때는 화내도 괜찮다   186
28장 작은 변화를 알아주는 사람을 소중히 여기자   191
29장 '느림'의 가치를 알다   193
30장 소셜미디어와 두 종류의 쾌감   196
31장 인정 욕구는 죄가 아니다   200
32장 두 종류의 '인정'   202
33장 어떤 상황에서도 '즐거운 마음'을 잊지 않는다   204
34장 주어진 역할을 벗어던지고 '사람'이 되자   207

★ 본문 중 각주는 모두 역주이다.

몸과 마음을 회복한다
RESTORE THE MIND AND BODY

1부

피곤하지만 쉴 수 없는 사람에게 정신건강의가 알려주는 진짜 휴식 방법

1장 | 피곤한데 푹 쉬지 못하는 이유는 무엇일까?

인간의 80퍼센트가 만성 피로를 느끼고 있다

우선 여러분에게 질문하겠습니다. 혹시 다음과 같은 고민이 있지 않나요?

- 바빠서, 혹은 직장 동료들의 시선이 신경 쓰여서 좀처럼 휴가를 얻지 못한다
- 휴가를 잡아도 일이 신경 쓰인다
- 휴일에는 집안일이나 가족 행사가 있어서 결국 푹 쉬지 못한다

'일단 쉬고는 있다'라고 말하는 사람이더라도 다음과 같이 고민하고 있을지도 모릅니다.

- 휴일 내내 자고 나면 월요일 아침부터 나른해서 업무에 집중할 수 없다
- 나름대로 쉬고 있는데도, 피로가 풀리는 느낌이 들지 않는다
- 휴일에 적당히 몸을 움직여 봤더니 오히려 더 피곤해졌다

최근에는 '쉬고 싶어도 쉴 수 없다'라거나 '휴식을 취해도 몸과 마음은 쉬지 못한다', '아무리 쉬어도 피로가 풀리지 않는다'라는 고민을 하는 사람, 그로 인해 항상 피로를 느끼는 사람이 적지 않습니다. 실제로 일본 피로 학회가 발행한 「2022년 휴양·항(抗)피로 백서」에 따르면, 80퍼센트 조금 안 되는 사람이 '피로를 느끼고 있다'라고 대답하고 있습니다.

저는 십여 년 전, 가까운 가족의 죽음을 계기로 의료직 종사자의 정신건강 지원 활동을 시작했습니다. 약 5년 전부터는 도쿄 도내에 의료 클리닉을 오픈하여 다양한 '삶의 고통'을 겪는 사람들의 이야기를 들어 왔습니다. 그중에는 이처럼 '휴식'에 관한 고민이나 문제를 안고 있는 사람이 많았습니다. '나는 충분히 쉬지 않아도 괜찮아'라고 생각하던 사람이 어느 날 갑자기 컨디션이 나빠져서 이유 없이 눈물을 그치지 못하는 상태에 이르러서야 겨우 심신에 한계가 왔다는 것을 깨닫는 경우도 드물지 않습니다.

피로는 눈에 보이지 않습니다. 피곤을 실감하지 못할 때도

피로는 존재합니다. 그 결과 머리로는 괜찮다고 생각해도 몸이 먼저 '회사에 가고 싶다는 생각은 들지만, 도저히 아침에 일어날 수 없다'고 소리치는 증상이 나타나는 것입니다.

'제대로 쉬는 것'은 고도의 기술이다

저는 레지던트 시절, 존경하는 선배 의사에게 '우리 직업은 안정된 퍼포먼스를 수십 년 동안 유지해야 하기 때문에 프로답게 잘 쉬는 기술이 필요하다'라는 가르침을 받았습니다. 틀림없이 맞는 말이고 고마운 조언이었지만, 제가 결코 잘 쉬고 있다고는 할 수 없었습니다.

애초에 '휴식'이란 무엇일까요? 일본어는 absent(결석, 결근하다)와 rest(쉬다, 휴식을 취하다)를 쓸 때 같은 '쉬다(休む)'라는 단어를 사용하기 때문에 착각하기 쉽지만, 일이나 학업에 힘쓰지 않고 시간을 보낸다고 해서 잘 쉬고 있다고는 할 수 없습니다.

휴식이란, '피로를 해소하고 건강을 되찾는다'는 목적으로 일정 시간을 사용하는 행위를 말합니다. 게임에서는 여관에 묵으며 쉬기만 해도 금세 체력이 회복되지만 현실은 그렇게 간단하지 않습니다.

그러면 왜 '쉬고 싶어도 쉬지 못한다', '휴식을 취해도 몸과 마음은 쉬지 못한다', '아무리 쉬어도 피로가 풀리지 않는다'와 같은 상태가 되는 것일까요? 저는 사람들이 '휴식'이 얼마나 어려움을 동반하는 고도의 기술인지를 이해하지 못하고 있다는 점이 근본적인 원인이라고 생각합니다.

사람이 제대로 '휴식'을 취하기 위해서는 크게 세 가지 과정이 필요합니다.

① 휴식이 필요한 상태라고 자각할 것
② 휴식을 취할 수 있는 환경을 확보할 것
③ 자신의 상태에 맞는 적절한 휴양 활동을 선택할 것

'제대로 휴식한다', '자신에게 맞는 진정한 휴식을 취한다'는 것은 이러한 과정을 모두 성립시켜야 하는 '종합 예술'과 같습니다.

그러나 이 모든 과정에는 매우 큰 장애물이 있습니다. 장애물이 높아 넘어가려면 고도의 기술이 필요한데도 저를 포함한 대부분의 사람은 '휴식'에 관해 깊이 공부할 기회가 없습니다. 그렇기에 잘 모르는 채로 '대충' 쉬고 있는 것이 현실일지도 모릅니다.

이번 장에서는 '휴식을 어렵게 만드는 다양한 환경'에 관해 생리학적인 배경이나 과거의 스트레스 연구 개념, 사회적인 배경 등을 참고하면서 차례로 설명하겠습니다.

2장 인간은 '휴식의 필요성'을 잘 느끼지 못한다

사람의 몸은 '스트레스'를 속이려고 한다

우선 휴식을 취하기 위한 첫 번째 과정인 '휴식이 필요한 상태를 자각하는 것'에 대해 생각해 봅시다. 우리가 일상 속에서 체력을 관리하는 일은 게임과 다릅니다. 자신의 HP(체력)가 수치화되어 있는 것도 아니고, 체력이 떨어졌을 때 경고가 울리지도 않습니다. 잘 쉬려면 '지금 체력이 떨어지고 있으니 휴식이 필요하다'라는 신호를 스스로 깨달아야 하는데 이것은 몹시 어렵습니다. 그 이유는 무엇일까요? 그것을 알기 위해선 스트레스를 받을 때 몸에 무슨 일이 일어나는지 주목해야 합니다.

스트레스를 받는 환경에 있을 때, 인간의 신체는 그 부하에 저항하기 위해 부신이라는 장기에서 '항스트레스 호르몬'을 방출합니다. 잘 알려진 호르몬인 '아드레날린'이 그 일종입니다.

아드레날린이나 코르티솔과 같은 항스트레스 호르몬은 스트레스 환경에 저항하기 위해 혈압이나 혈당 수치를 높여서 몸을 '전투 태세'로 바꿉니다. 말하자면 퍼포먼스를 높이기 위해 '도핑'을 하는 것입니다. 이러한 도핑 프로세스는 스트레스를 받을 때 자동으로 작동하며, 호르몬이 고갈되지 않는 한 계속됩니다.

스트레스 환경에 저항하기 위한 '도핑 모드'는 대략 3개월간 지속됩니다. 그 사이 몸은 점점 손상되지만, 오히려 심신의 상태는 좋아지기도 합니다. 이를 눈치채지 못한 채 컨디션이 좋다고 착각해 계속 버티다 보면 3개월이 지나 항스트레스 호르몬이 고갈되면서 한꺼번에 피로가 몰려오고 몸이 뒤늦게 반응합니다. 만성 두통, 메스꺼움, 복통이나 변비, 설사 등의 장 트러블, 두드러기나 습진, 탈모 등의 피부 트러블, 불면증이나 자다가 깨는 수면 장애 등 온갖 신체 증상이 나타납니다.

이처럼 스트레스 관리의 어려움은 스트레스 반응을 자각하지 못하는 데 있습니다. 어디까지나 몸의 자연스러운 반응이기 때문에 의식적으로 자신이 스트레스를 받고 있는지, 피곤한지 살피지 않으면 '휴식이 필요하다'고 깨닫기는 어려울 것입니다.

스트레스를 알아차리기 어렵다는 것, 여기에 우리가 '제대로 쉴 수 없는' 이유가 숨겨져 있습니다.

두통이나 복통은
'마음의 데미지' 사인

조금 오래된 데이터이긴 하지만, 정신건강의인 미키 오사무는 '우울증'이라고 최종 진단을 받은 사람의 60퍼센트 이상이 내과에서 진료를 받고 있으며, 초진부터 정신건강의학과에서 진료를 받는 사람은 고작 몇 퍼센트에 불과하다고 보고했습니다.

스트레스가 쌓였을 때 우울증이나 의욕 저하 등의 정신적인 증상보다 신체적인 증상이 먼저 나타난다는 사실이 알려지지 않았다는 점도 피로를 적게 추정하는 큰 원인 중 하나입니다. 저는 심료내과* 의사로서 편두통이나 과민대장증후군 등 내과 질환도 진료하는데, 두통이나 복통이 악화되어 내원하는 사람 중 절반 이상은 '우울증' 점수도 높은 편입니다. 즉, 두통이나 복통은 '정신적인 질환'으로 인해 나타나기도 한다는 것입니다.

일상적으로 나타나는 여러 신체 증상이 '정신적 데미지의 신호'임을 깨닫는 것이 중요합니다. 의학적으로는 스트레스나 다

---

* 심료내과(心療內科)는 심리적 문제와 육체적 증상이 결부된 질환을 다루는 의학 분야로서 내과적 치료와 심리치료를 병행한다. 일본에서는 정신과와 심료내과로 분리되어 신경증, 가벼운 우울 장애 등은 심료내과에서 치료하지만, 국내엔 심료내과의 분류가 없고 정신건강의학과에서 내과 질환을 진료하지는 않는다.

양한 감정이 신체를 조절하는 데 영향을 미쳐서 여러 신체 반응을 일으키는 현상, 즉 신체 반응이나 증상이 심리 상태에 영향을 주는 현상을 '심신상관(心身相關)'이라고 합니다.

허리 통증도 '정신질환'의 하나?

심신상관의 예시를 더 들어볼까요? 허리 통증에도 '정신적인 요인'이 있다는 것은 잘 알려져 있습니다. 허리 통증에 치명적인 '몸을 앞으로 구부리거나 자주 비트는 동작' 같은 물리적인 요인뿐만 아니라, '직업에 대한 만족도가 낮다', '상사의 서포트가 부족하다' 같은 심리적 요인도 영향을 끼칩니다. 생소하게 느껴질 수도 있지만, 인간에게는 통증을 느끼면 '오피오이드'라는 통증 억제 물질을 분비하여 고통을 줄여주는 신경 회로가 있습니다.

그러나 정신적인 스트레스를 받으면 이 회로가 잘 작동하지 않습니다. 정신 상태가 악화되면서 평소에는 견딜 수 있는 약간의 통증에도 몸이 과잉 반응하는 유형의 '통증 악화'가 일어나는 것입니다. 즉, 허리 통증 또한 '정신질환'의 측면을 지닌다고 할 수 있습니다.

우리가 눈치채지 못하는
여러 '스트레스 요인'의 영향

스트레스를 알아차리기 어려운 이유 중 하나로 스트레스 요인이 다양하다는 점도 들 수 있습니다. 우리의 마음에 충격을 주는 '심리적 스트레스 요인'에는 다양한 분류 방법이 있지만, 여기서는 크게 두 가지로 나눠 소개하겠습니다.

① 생활사건(life event): 인생에 큰 변화를 불러오는 사건. 가족의 사별, 결혼·이혼, 실업, 이사 등
② 일상의 골칫거리(daily hassles): 평소에 경험하는 일상의 사소한 사건. 만원 전철이나 생활 소음, 귀찮은 가사일 등

이 중 먼저 '생활사건'에 대해 설명하겠습니다.

인류는 '스트레스란 무엇인가', '스트레스를 어떻게 생각하는가'와 같은 주제와 오랫동안 씨름해 왔습니다. 1950년대에 미국의 토머스 홈즈와 리처드 라헤라는 연구자가 '사회 재적응 평가 척도(SRRS, Social Readjustment Rating Scale)'라는 획기적인 측정법을 개발했습니다. '결혼'이라는 이벤트의 스트레스 지수를 '50점'으로 두고, 이를 기준으로 0~100점의 범위에서 각각의 이벤트를 수행하는 데 에너지를 얼마나 사용하는가를 평가하

는 방법입니다.

예를 들어 '배우자의 사망이 100점', '이혼은 73점', '이직은 36점'이라는 식으로 이벤트마다 점수를 매겨 스트레스 정도를 나타냈습니다. 그리고 1년간 이 지수가 300점 이상 누적된 사람은 1년 이내에 심신 상태가 악화된다는 것이 보고되었습니다. 이는 오래된 연구지만 지금도 항목을 바꾸거나 국가와 문화에 맞추어 재연구가 진행되는 등 스트레스 연구에 많이 인용되는 논문 중 하나입니다.

여기서 주목해야 할 점은 '결혼', '임신', '부부의 화해', '(승진을 포함한) 직위의 변화'처럼 일반적으로 긍정적이라 여겨지는 생활사건에도 높은 점수가 매겨져 있다는 것입니다. '결혼은 인생의 무덤이다'라는 식으로 빈정거리는 것이 결코 아닙니다. 긍정적인 변화라 해도 컨디션을 무너트리는 이유가 될 수 있습니다. 다시 말해, '변화란 모름지기 스트레스'라는 것입니다.

실제로 사는 곳을 옮긴 뒤에 발병하는 '이사 우울증'이나 주도하던 사업을 성공리에 마무리한 뒤에 발병하는 '하역 우울증*'이라는 말이 있습니다. 잠수부가 수압이 높은 해저에서 갑

---

* 일본에서 처음 사용되었으며, 주로 운송업이나 물류업에 종사하는 사람들에게서 나타난다. 장기간의 작업으로 인한 피로와 스트레스, 성취감 등이 복합적으로 작용하여 우울증을 유발하는 것으로 알려져 있다.

자기 떠오르면 생명이 위험한 것처럼, 압박감에서 해방된 것이 오히려 컨디션을 망치는 경우가 있다는 뜻입니다.

힘든 환경에서 편안한 환경으로 변한다 해도 그 페이스의 차이로 인해 스트레스가 발생하기도 합니다. 임상 연수의는 세계에서 정신건강 위험도가 가장 높은 직업 중 하나이며, 이 직업군에선 '3개월 만에 30퍼센트의 사람이 우울증에 걸린다'는 보고도 있습니다. 그 원인은 다양한 의학 분야를 익히느라 1~2개월마다 근무하는 진료과가 바뀌는 육성 시스템, 그로 인한 생활환경의 변화와 그에 따르는 부담으로 추측됩니다. 우리는 환경의 변화에 적응하는 데 무의식중에 막대한 에너지를 소비하고 있는 것입니다.

그러므로 비록 자극이나 보람이 있다고 해도 환경이 변하면 심신에 부담이 간다는 사실을 자각할 필요가 있습니다. 어쩌면 긍정적인 변화야말로 스트레스를 알아차리기 어려워서 오히려 더 위험할지도 모릅니다.

앞서 말씀드린 것처럼 '결혼', '임신', '승진'과 같은 긍정적인 변화라 해도 단기간에 계속해서 일어나면 심신 건강에 큰 위험이 될 수 있습니다. 생활사건 스트레스는 '계속 발생하면 위험하다'는 것을 기억합시다.

가장 성가신 건
일상 속 작은 스트레스들이다
―

그러나 그 이상으로 눈치채기 어려운 스트레스 요인이 '일상의 골칫거리(daily hassles)'입니다. 허슬(Hassle)이란 '귀찮은 상태'라는 의미로, 일상생활에서 일어나는 사소한 스트레스 요인을 말합니다. 예를 들어 '지하철 옆자리에 앉은 사람의 향수 냄새 때문에 괴로웠다', 'SNS에서 불편한 말투로 쓰인 글을 보고 뜨악하게 생각했다', '방이 더럽네' 같은 자잘한 것입니다.

이 일상의 골칫거리 하나하나는 크게 충격이 되지 않습니다. 제가 좋아하는 롤플레잉 게임 〈독의 늪〉에서는 캐릭터가 한 걸음씩 걸을 때마다 1 데미지만을 받는데, 아마 이것과 비슷한 느낌이지 않을까요. 하나하나의 데미지는 작아서 성가실 뿐이지만 그 손상의 영향력은 자신도 모르는 사이에 쌓여갑니다.

이별이나 직급 강등 등 부정적인 생활사건에 의한 스트레스는 자각하기 쉽지만, 일상의 골칫거리는 의식하지 않으면 어지간해서는 깨닫기 어렵습니다. 그리고 당연하지만, 인식하지 못하는 일에는 대처할 수 없습니다.

'작은 일은 신경 쓰지 않는다'라는 마음을 가지면 스트레스가 쌓이지 않는다고 생각할 수도 있지만, 만성적으로 세세한 데미지를 입는다면 어떻게 될까요? 정신을 차려보면 빈사 상태가 되어 있을 가능성이 상당히 큽니다.

사실, 일상의 골칫거리를 제창했던 저명한 스트레스 연구자 리처드 래저러스는 이렇게 누구나 빈번히 경험하는 사소한 일상의 골칫거리가 쌓이는 것이 심신의 건강 상태에 더욱 큰 영향을 미친다고 이야기합니다.

그중에서도 작은 일에 충격을 받기 쉬운 섬세한 사람일수록 자신이 무엇 때문에 상처받는지를 세세하게 알 필요가 있습니다. '특별한 이유가 있는 것은 아닌데 어쩐지 기분이 우울해진다'고 느끼는 경우 일상의 골칫거리가 쌓인 것이 원인일지도 모릅니다. 그 대책으로, 무언가 개운치 못한 감정을 느꼈다면 그것을 하나씩 신경 써서 기록해 두는 것을 추천합니다.

대인관계에서도 '말투가 좀 거슬리네'라든가 '그 태도가 조금 마음에 안 들어'라고 생각하는 경우가 있을 것입니다. 저는 그런 생각을 '커뮤니케이션의 가시'라고 부르는데, 이러한 가시를 무시하지 말고 '아, 지금 내 목에 작은 가시가 박힌 것 같아'라고 자각하는 게 중요합니다. 가능하면 스마트폰의 메모 앱으로 기록하는 것(작고 사소한 일도 기억해 두는 것)이 좋습니다. 특히 가깝고 중요한 대인관계에서는 이 '가시' 수준의 불편함을 말하기가 가장 어렵습니다. 서로 괜찮은 관계로 지내고 싶고 풍파를 일으키고 싶지 않아서, 약간 마음에 걸리는 정도는 '말할 필요까진 없지 않을까'라며 속으로 삼키는 경우가 많기 때문입니다.

그것을 직접 말할지 말하지 않을지는 상대방과 어떤 관계로 남고 싶은가에 달려있기 때문에 일률적으로 말하긴 어렵지만, 적어도 커뮤니케이션할 때 가시가 박힌 듯한 작은 불쾌감을 느낀다면 무시하지 않고 인정해 주는 것이 중요합니다.

지금까지 이야기한 스트레스 요인은 다양한 형태로 우리들의 몸에 데미지를 주지만, 앞서 이야기했던 것처럼 우리 몸은 3개월 정도의 '도핑 모드'에 돌입해 스트레스를 속여서 쉴 필요를 느끼지 못하게 합니다.

그래서 '환경의 변화', '압박감으로부터의 해방', '일상의 골칫거리'처럼 눈치채기 어려운 스트레스 요인이 있다는 것을 다시 인식하는 일은 자신이 안고 있는 스트레스 상태를 명확히 하는 데 도움이 됩니다. 다양한 스트레스 반응과 스트레스 요인을 아는 것이 '휴식이 필요한 상태라고 자각하는' 첫걸음이자 숙달 요령인 것입니다.

3장   사실은 아무 때나 '쉬어도 된다'

사실은 '아무 때나 쉬어도 된다'는 것을 알아야 한다

다음으로 두 번째 과정, '쉴 수 있는 환경을 확보하는 것'에 관해 이야기하겠습니다.

스스로 피로나 데미지를 인식하고 '쉬는 편이 좋겠다'고 깨달았다면 '휴식'을 취하기 위한 환경을 확보해야 합니다. 즉, 지시받은 일이나 가사 등 매일 꼭 해야 하는 일에서 손을 떼고 휴양을 위한 시간을 마련해야 하는 것입니다. 그러기 위해서는 지금 맡은 업무를 다른 사람에게 인계하는 등 주위의 협력이 필요한 경우도 많습니다.

그러나 솔직하게 '내 상태가 좋지 않다'라고 제삼자에게 전할 수 있는 사람이 얼마나 될까요? 걱정시키고 싶지 않다, 폐를

끼치고 싶지 않다, 낮은 평가를 받고 싶지 않다, 빈틈을 보이고 싶지 않다 같은 다양한 심리가 장벽이 되어 '쉬고 싶다'고 전하기가 어려워지는 것입니다.

상대방이 상사거나 나를 평가하는 입장이라면, 업무상 불리해질 위험이 커집니다. 또 피로가 쌓일수록 사고력이 떨어져서 합리적인 의사결정은 어려워지고 자기평가도 내려가기 때문에 점점 도움을 요청하기 힘들어집니다.

휴직이 필요한 수준까지 몰렸다 해도 '한계에 다다랐음을 알리고 도움을 요청한다'는 위험을 짊어질 바에야 이대로 계속 일하는 것이 차라리 편하다고 생각하는 사람도 적지 않습니다. '휴식'을 선언한다는 것은 그만큼 용기가 필요한 일입니다.

정신건강의인 마쓰모토 도시히코는 "자신의 괴로운 마음을 털어놓는 것은 기요미즈데라* 의 무대에서 뛰어내릴 만큼의 용기가 필요한 일이다."라고 이야기했습니다. 또 제 클리닉에 오는 어떤 분은 휴직을 제안받았을 때 이렇게 말했습니다.

"계속 마음을 다잡아왔기에 일단 쉬면 흐름이 끊어져서 두 번 다시 지금처럼 열심히 하지 못할까 봐 불안해요."

또 실제로 휴식에 들어가도 '일하지 않는' 죄책감에서 벗어

---

*   일본 교토에 있는 사원. 산허리 위에 지어진 본당의 큰 무대에서 보는 경치로 유명하다.

나지 못하거나, '도움이 되지 않는' 자신을 용서하지 못하고 무언가를 공부해 자격을 취득하려고 하거나, 자신을 향한 분노가 격화되어 피폐해지는 사람도 적지 않습니다. "휴식을 계기로 무언가를 바꾸지 않으면 안 된다는 생각이 들어요. 이대로 업무로 복귀해도 또 예전과 같은 상황이 몇 번이고 반복될 것 같아서, 그게 가장 두려워요."라고 불안을 호소한 사람도 있었습니다.

휴식하기 위한 환경을 확보하는 것은 막대한 심리적 비용이 필요한 기술입니다. 이 어려움과 관련된 중요한 요인으로 '과잉 적응'이라는 개념이 있습니다. 이는 휴식에 얽힌 죄책감과도 크게 연관되어 있습니다.

주위를 지나치게 배려하는 상태, '과잉 적응'에 관하여

과잉 적응이란 주변 환경을 배려하고 타인과 어울리는 것을 지나치게 중시해 항상 신경 쓰는 상태를 뜻합니다. 이는 정신적으로 소모되기 매우 쉬운 상태이며, '자신이 원하는 것보다 타인의 요구를 충족시키는 것을 너무 중시한 나머지 피폐해지는 것'을 가리킵니다.

'타인의 요구를 충족시킨다'는 것은 부모나 교사, 파트너, 친구, 상사, 부하 등 주변 사람이나 소속된 조직, 사회 등으로부터 '이렇게 해주었으면 한다'라고 요구받은 것, '이렇게 살며 행동하는 게 정답이다'라고 여기는 것을 받아들이고 실행하는 것입니다. 한편 자신이 원하는 바를 충족한다는 건 '이것을 하고 싶다', '이렇게 살고, 행동하고 싶다'처럼 자신의 마음속에 있는 욕구를 알고 실행하는 것입니다.

우리는 타인이나 사회와 관련되지 않고 살아갈 수 없습니다. 사회적 관계가 결여되면 불안이 증가하고 심신의 건강을 잃게 됩니다. 또 사회적으로 배제되어 스스로 원치 않는 고독에 시달리는 것은 인간이 살아가는 데 파괴적인 손상을 입힙니다. 공동체 중심의 라이프 스타일이 점점 해체되어 가는 현대에, 고독이란 인류가 맞서야 할 가장 큰 '적' 중 하나일지도 모릅니다. 고독을 피하려는 목적이 아니라 해도 우리가 '사회 속에서 더 나은 내가 되고 싶다'는 소망을 갖는 것은 자연스러운 일입니다.

그러므로 사회에서 타인과 더불어 살아가는 이상 어느 정도 타인의 요구를 충족시키는 것은 꼭 필요한 일이라고 할 수 있겠지요. 주변 사람들이 원하는 것을 잘 헤아리고 그에 반응하면 대외적 평가는 높아지고 인간관계에서 마찰이 생기는 일이 줄어들며 훨씬 안전하게 지낼 수 있습니다. 누군가에게 도움이 되는 것은 삶의 보람이나 풍요로움의 원천이 될 수 있습니다.

겸손이나 죄책감 때문에
휴식을 취하지 못하는 사람이 많다

유감스럽게도 사회는 우리에게 안심되고 안전한 장소이기만 한 것은 아닙니다. 보호받아야 할 자기만의 영역을 침해당하거나 타인의 요구에 일방적으로 휘둘리고, 상처받고, 불합리한 요구를 받는 경우가 종종 있습니다. 혹은 반대로 타인에게 공헌하는 일에 의존하는 것처럼 자신이 책임질 수 있는 범위를 넘어서까지 누군가에게 도움을 주려는 사람도 결코 적지 않습니다. 그런 사람에게 자신을 위해 '휴식을 취하는 것'은 오히려 스스로를 더욱 곤란하게 만드는 일일 것입니다.

예를 들어 여러분 중에 다음과 같은 경험을 한 적 있는 사람은 없나요?

- 주변 사람의 기대에 부응해야 한다는 마음이 강해서 자신의 한계 이상으로 노력하는 경우가 종종 있다
- 사실은 휴식을 취하고 싶지만, 동료의 시선이 신경 쓰여 휴가를 가기 어렵다

- 평가가 내려갈지도 모른다는 불안감이나 휴식에 대한 죄책감 때문에 모처럼 휴가를 내도 마음이 진정되지 않는다
- 휴일에도 나도 모르게 업무를 떠올리거나, 피곤해도 가족 행사를 치러야 한다고 생각하거나, 친구의 권유에 응하고 만다

평일은 주로 회사나 동료, 거래처와 같이 업무상 마주하는 사람들의 요구에 응하고 휴일에는 가족이나 연인, 친구 등 가까운 사람들의 요구에 응합니다. 그러한 상태가 계속되고 있기 때문에 자신의 필요에 따라 몸과 마음의 피로를 스스로 해소하기 위한 시간을 마련하지 못합니다. 이러한 상태가 바로 '과잉 적응'입니다.

예를 들자면 사막에서 탈수가 일어나려고 하는데도 자기 몫의 마실 물을 일절 입에 대지 않고 타인에게 주고 있는 것과 같습니다. 그러한 상태가 계속되면 사람은 반드시 무너지게 되어 있습니다.

4장 '과잉 적응'이 계속되면 마음은 점점 마비된다

성실한 사람일수록
타인의 요구를 우선시해서 자신을 질책하기 쉽다

클리닉에 오시는 분 중에서는 휴식이라는 선택지를 고르지 못해서 한계에 다다를 때까지 피로를 쌓아두는 분도 많이 있었습니다.

- 너무 바빠서 도저히 쉴 수 있는 상황이 아니었다
- 상사가 쉬는 것을 허가해 주지 않았다
- 직장 분위기상 휴가를 내기 어려웠다

이러한 이유로 휴가를 내지 못했다는 경우도 물론 있었지만, 그 이상으로 많았던 이유는 '자신'에게 있었습니다.

- '사람들에게 기대를 받고 있다'는 생각
- '내가 해야만 해'라는 생각
- '일하지 않으면 쓸모없다', '남에게 도움이 되지 않으면 쓸모없다'는 생각

위와 같이 '휴식을 취하는 자신을 질책하거나 부정하는 마음'이 있기 때문에 쉬지 못했던 것입니다.

특히 성실한 사람일수록 다른 사람의 요구를 충족하는 것을 우선시해서 자신을 돌보는 일을 뒷전으로 미루는 경향이 있습니다. 원래 자신의 요구에 눈길조차 주지 않는 사람도 적지 않습니다.

애초에 노동이란 기본적으로 타인의 요구에 응함으로써 가치를 제공하고 그 대가로 돈을 받는 것입니다. 즉, 자신에게 주어진 사회적 역할을 다한다면 일자리를 얻거나 생활을 유지할 수 있습니다. 그러나 신경을 쓰는 게 그것뿐이라면 점점 '자신이 원하는 것'이 뭔지 알 수 없게 됩니다.

'직장'에는 인간관계에 얽힌 정보가 특히나 많습니다. 나와 맞지 않는 일이나 상처받을 만한 일(일상의 골칫거리)이 있어도 모든 것에 대처할 수 없고 그럴 시간도 좀처럼 낼 수 없습니다.

상처를 많이 받는 환경에 있으면
감정이 무뎌진다

직장뿐만 아니라 상처를 많이 받는 환경에 있을 때 사람은 어떻게 될까요?

점차 감정이 움직이지 않게 되고 생활 속에서 현실을 생생하게 느끼는 감각이 사라집니다. 마치 뇌에 마취를 한 것처럼 다양한 통증에 둔감해지는 것입니다. 이는 생물이 예로부터 역경에 적응하기 위해 고통을 견디는 방법을 익혀온 것으로, 이와 같은 적응을 '해리'라고 합니다.

해리 상태가 되면 실제로 뇌 기능의 일부가 저하되고 '내가 지금 여기 있다'라는 감각이 흐려집니다. 마음이 마비되고 나와 세계 사이에 얇은 막을 친 듯한 느낌이 듭니다. 그렇게 되면 아무리 안 좋은 환경에 처하더라도 '괴롭다'는 생각 없이 하루하루를 보낼 수 있게 됩니다.

이는 생물이 살아남기 위해 갈고닦아 온 매우 강력한 생존 전략입니다. 우리는 많든 적든 '해리'를 구사하면서 일상을 살아갑니다. 해리에 관해서 알아보는 것은 스트레스나 휴식을 깊이 이해하기 위해 꼭 필요하기 때문에 나중에 자세히 설명하겠지만, 이 또한 과잉 적응의 한 표현 유형이라고 해도 좋겠지요.

'해리 모드'에 들어가면, 무엇이 자신에게 부하를 걸고 있는지 확실히 파악할 수 없게 되어 끝없이 체력과 기력을 떨어트리는 데다가 문제에서 벗어나려는 강한 의지를 발휘하기도 힘들어집니다. 마치 '산송장'과 같은 상태가 되고 말지요. 이렇게 되면 혼자만의 힘으로 해결하기는 몹시 어려워집니다.

만약 휴가를 얻었다고 해도, 그 사이 응해야 하는 '타인의 요구'가 있다면 그것을 충족시키는 것만으로도 힘에 부칩니다. 예를 들어 휴직하고 본가에 돌아가서도 부모님이 '이렇게 해라, 저렇게 해라'라는 식의 요구를 해와서 시종일관 시달리는 환경이라면 쉴 수 없습니다. 그렇게 되기 전에 먼저 남들의 '요구'에서 확실하게 벗어나야 합니다.

사람은 다양한 타인의 요구로부터 일정한 거리를 두어야 '내가 원하는 것'에 관심을 돌릴 수 있습니다. 그리고 당연한 말이지만, 내가 뭘 원하는지 알지 못하면 아무리 시간이 지나도 자신이 원하는 것과 타인이 바라는 것 사이에서 균형을 잡을 수 없습니다. '과잉 적응'에 빠지지 않는 환경을 확보하는 것은 제대로 휴식을 취하기 위해 매우 중요한 요소입니다.

일단, 타인의 요구에 응하고 싶다는 마음에서 멀어져야 한다

저는 종종 피로가 한계에 달한 사람에게 휴직을 포함해 장기 휴가가 필요하다고 이야기합니다. 대다수의 사람은 장기 휴가를 가거나 휴직하는 것에 대해 공포심이나 저항감, 죄책감을 가지고 있습니다. 그것도 당연한 일입니다. 앞에서 이야기한 것처럼 '기대에 응하지 않으면 안 된다는 생각'이나 '남에게 도움이 되어야 한다는 생각'과 더불어 '궤도에서 벗어나는 것에 대한 두려움'이 있기 때문입니다.

모두와 마찬가지로 일하는 것, 주어진 역할을 제대로 수행하는 것이 '보통'이며, '보통'에서 벗어나지 않고 있는 것에 '안심'하고, 그것을 지키며 사는 삶이 '올바른 길'이라고 믿는 사람이 매우 많습니다. 그러므로 그 길을 벗어나는 것은 상당한 공포를 수반합니다. 두 번 다시 돌아가지 못하는 것은 아닐까, 사회에 맞지 않는다는 평가가 따라붙지는 않을까 하는 불안감이 드는 것입니다.

어떤 분은 휴직의 괴로움을 '명확한 목표나 노동 기준량도 없고, 경험조차 없는 분야로 부서를 이동하는 것'에 비유했습니다. 몸 둘 곳 없는 느낌이나 소외감, 앞이 보이지 않는 느낌이나 아침에 일어났을 때 목이 꽉 막히고 가슴 주변이 답답하고 괴로운 느낌, 그러한 불쾌감을 느끼면 사람은 어떻게 행동할까요? 휴식이 필요한데도 강박적으로 무언가를 하려고 합니다.

대표적인 예시가 '누군가에게 도움이 되려고 하는 것'입니다. 그래서 휴가나 휴직 중에도 일을 생각하거나 자격증 공부를 시작하는 사람이 많습니다. 어떻게 해도 '다른 사람들의 요구에 응하는 것'에서 벗어날 수 없습니다. 그것이 '안심하기 위한' 방법이기 때문입니다.

하지만 거기서 벗어나지 못하는 한 내가 원하는 것을 찾기는 어려울 것입니다. 우리가 사회와 관계를 맺으면서 긍정적이고 건강하게 살아가기 위해서는 때로 타인의 요구에 과하게 응하는 것을 그만두고, 스스로 원하는 일을 하는 데에 시간이나 에너지를 사용할 필요가 있습니다. 그렇게 한다면 비로소 우리는 진정한 의미의 휴식을 취하고 피로나 마음의 상처를 치유할 수 있을 것입니다.

휴식을 지연시키는
'자신을 향한 분노'
―

일을 하지 않는 시간이 충분한데도 '일하지 않는 나 자신을 용서할 수 없다'며 분노나 수치심을 느끼는 사람도 적지 않습니다. 일을 하지 않고 휴식을 취함으로써 고갈된 에너지는 조금씩 회복하고 있는데, 그렇게 회복된 에너지를 '자신을 향한 분노'로 써버리는 것입니다. 모처럼 무서운 상사나 싫어하는 업무 등의 스트레스 요인(적)에서 떨어져 있어도 '이런 나를 용서할 수 없다'라는 생각으로 스스로가 새로운 '적'이 되고 맙니다. 그리고 얼마 되지 않는 항스트레스 호르몬을 가동시켜서 다시 몸이 스트레스 상태에 들어가게 됩니다.

'움직이지 않는다'는 것은 '움직이고 싶지 않다'고 몸이 원하는 것이므로 '움직여서는 안 된다'는 뜻입니다. 그러나 머리로 '움직여야만 한다', '움직이지 않으면 소용없다'고 생각하면 몸이 정말 필요로 하는 것을 들어줄 수가 없습니다. 이렇게 쉬는 중에 '자신을 향한 분노'까지 포함된 모든 것이 휴식을 곤란하게 만드는 '일련의 증상'이라고 해도 과언이 아닙니다. 이러한 악순환의 구조를 먼저 눈치채는 것이 중요합니다.

5장 '몸과 마음의 피로'가 풀리면 상상 이상으로 긍정적이 될 수 있다

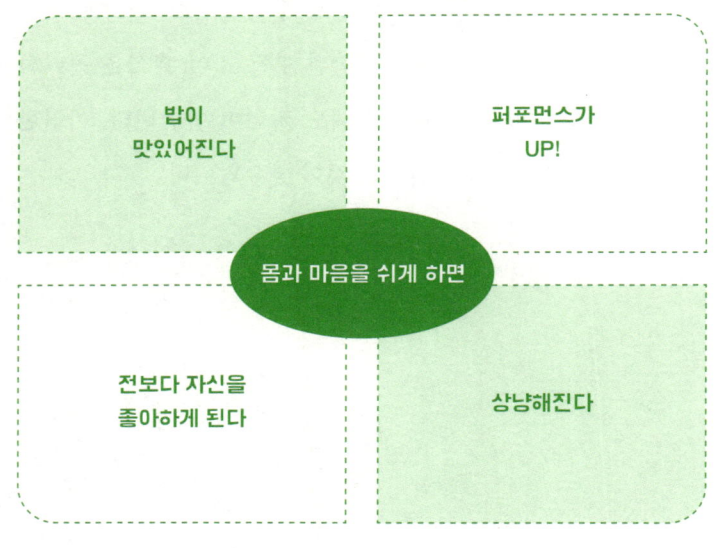

진짜 휴식의 키워드는
'안전'과 '안심'

'내가 원하는 것을 들어주는 일'의 적절한 시기를 놓쳐버리면 '올바르게 휴식을 취하는 것'이 어려워지는 문제가 생깁니다. '휴식 자체를 취할 수 없다'는 사람도 있지만, '휴식은 취했지만 마음이 진정되지 않아서 제대로 쉬지 못했다'는 사람도 많습니다. 그렇다면 '진짜 휴식을 취하는 것'이란 어떤 것일까요?

자세한 것은 나중에 살펴보겠지만, 결론부터 이야기하면 저는 '스스로 몸의 요구를 파악하고 그에 응하는 것으로 자기 자신과의 연결을 되찾음으로써 심신이 안전하고 안심된다고 느낄 수 있는 상태로 만드는 것'이라고 생각합니다. 그것이 가능하다면 진짜 '힐링'으로 이어지는 휴식을 취할 수 있습니다.

몸의 요구에 부응한다는 것은 내 몸이 지금 어떤 상태인지를 파악한 후 '머리가 아닌 몸이 원하는 것'을 충족시켜 준다는 의미입니다. 그러한 시간을 쓸 수 있어야 비로소 사람은 피로나 스트레스를 확실히 풀고 건강하게 살아가기 위한 에너지를 축적할 수 있습니다.

물론 사람마다 안심하거나 안전하다고 느낄 수 있는 상태는 다르지만, 많은 사람에게 공통된 '진짜 휴식'은 있다고 생각합니다.

제대로 쉬고 심신을 회복하면 아래와 같이 좋은 효과가 나타납니다.

- 표정에 생기가 돈다
- 인생의 충실도가 올라간다
- '이렇게 있어야만 한다'라는 강박적인 사고와 거리를 둘 수 있게 된다
- 심신의 컨디션이 안정되고 지속적인 퍼포먼스를 발휘할 수 있게 된다

이에 더해서 '상냥해졌다', '밥이 맛있어졌다', '여행을 자주 떠난다', '전보다 자신을 좋아하게 되었다'고 말하는 사람도 있습니다.

진짜 휴식을 손에 넣기 위해서 다음 장부터는 '스트레스와 자율신경'의 관계, 그리고 신경 레벨에서의 '안전과 안심'에 관해 조금 더 자세하게 이야기하겠습니다. '안전과 안심이란 무엇인가? 이것이 휴식과 관계가 있나?'라는 의문이 들지도 모릅니다. 그 의문은 그대로 두고 함께해 주시면 감사하겠습니다.

몸과 마음을 회복한다
RESTORE THE MIND AND BODY

2부

몸과 마음을 치유하는 열쇠는 '자연스러운 흔들림'과 '자율신경'에 있다

6장 | 마음도 신경도 '자연스럽게 흔들리는' 정도가 딱 좋다

건강한 것은 항상 '흔들린다'

최근에는 스마트폰 애플리케이션이나 웨어러블 디바이스로 스트레스 지수를 측정할 수 있는데, 정확히 무엇을 측정하는지 알고 계십니까? 물론 심박수나 호흡 등도 측정하지만 그것뿐만이 아닙니다.

답은 '흔들림'입니다. 자율신경의 활동을 반영하는 심박의 흔들림 등을 살피고 있는 것입니다. 왜 그것이 스트레스의 지표가 되는지는 뒤에서 자세히 이야기하겠지만, 여기선 스트레스를 다시 해석하기 위해 본래의 '건전한 상태'란 애초에 무엇인지에 관한 이야기를 먼저 하려고 합니다.

자연스럽고 건전한 것에는 흔들림이 있습니다. 안정이란 고

정된 상태가 아닙니다. 강직한 것은 큰 충격을 받으면 부러지거나 무너져 버리기 쉽습니다. 주변의 변화에 맞춰 적당히 흔들리며 유연하게 자신의 상태를 바꿔서 일정한 폭 안에서 왔다 갔다 반복하며 흔들리는 것이야말로 더 건강하고 자연스러운 상태입니다.

물질을 구성하는 원자는 원자핵과 그 주위를 너울거리는 전자로 이루어져 있습니다. 모든 물질은 미시적 수준에서 끊임없이 움직입니다. 그 움직임의 차이에 따라 원자의 성질이 성립됩니다.

게다가 모든 물질의 최소 단위인 소립자는 미시적인 '끈'으로 이루어져 있고, 그 끈이 흔들리는 패턴 차이에 따라 개별적인 물질이 된다는 가설(초끈 이론)이 매우 유력한 이론으로 여겨지고 있습니다. 이 가설에 따르면 흔들림이야말로 만물의 본질이며 세계는 흔들림에 의해 만들어진 것이라고 해도 과언이 아닙니다.

그리고 인간의 활동에는 주기적인 흔들림이 있습니다. 대표적으로 수면과 각성을 24시간마다 반복하는 '서캐디안 리듬(Circadian Rhythm)'이 있고, 90분의 수면 주기나 한 달 사이클의 월경 주기 등도 있습니다.

인간이 이렇게 다양한 리듬을 갖는 이유는 우리를 둘러싼 환경이 주기적으로 변하고 있기 때문입니다. 몸은 환경의 변화를 예측하고 최적화하기 위해 컨디션을 조절하는 것입니다.

건강한 사람은
심장 고동도 흔들린다

생체리듬 중에서도 특히 주목받고 있는 것이 '심박 변이도(HRV)'입니다. 규칙적인 리듬으로 움직이는 심장 박동을 밀리초 단위로 섬세하게 살펴보면, 심장이 한 번 뛸 때마다 심박이 미묘하게 흔들리고 있습니다. 그리고 심신이 모두 건강할수록 HRV 수치가 높아진다고 알려져 있습니다. 스트레스를 받거나 우울하면 HRV 수치가 떨어지고, 반대로 높아지면 자기 조절 능력이나 집중력, 스트레스 내성에 좋은 영향을 미칩니다.

   HRV는 건강이나 행복 증진을 예측하는 요소로 다양하게 활용되고 있으며, 그 기능의 대부분은 미주신경이 담당하고 있습니다. 미주신경이란 숨뇌* 에서 나오는 감각신경·운동신경의 하나이며 자율신경에서 '긴장 완화'를 담당하는 부교감신경의 80퍼센트 이상을 차지한다고 합니다.

---

*   다리뇌와 척수 사이에 위치하며 호흡, 순환, 운동, 뇌신경 기능을 담당하는 뇌줄기의 하부 구조. 숨골이라고도 부른다.

또한 건강하다는 증거로 주목받는 흔들림은 '호흡 동성 부정맥(RSA)'입니다. 부정맥이라는 말을 들으면 경계심이 들지도 모르지만, 사실 건강한 사람이라면 누구나 숨을 들이마실 때 맥박이 조금 빨라지고 숨을 내쉴 때 맥박이 느려집니다.

이렇게 호흡에 맞춰 맥박의 속도가 변화되는 현상이 젊고 건강할수록 자주 일어나고 노화나 질병에 의해 줄어든다는 것이 밝혀지면서 몸과 마음의 건강을 진단하는 지표가 되고 있습니다. RSA는 HRV보다도 미주신경의 기능을 더욱 잘 반영한다고 알려져 있는데, 이처럼 건강과 관련된 흔들림에 그 신경이 깊이 관여하고 있는 것입니다.

스트레스로 인해 생체의 건전한 흔들림을 잃어버린 상태야말로 '건강하지 않은 상태'라고 할 수 있을 것입니다. 예를 들어 바쁜 업무를 마치고 지친 상태로 집에 돌아왔다고 합시다. 편하게 쉬고 싶은데 옆 방에서 들리는 소음 때문에 계속 신경질이 나서 잠을 자지 못하면 심박수가 올라간 상태가 계속됩니다. 잠을 잘 수 없으므로 수면-각성 주기도 흐트러집니다. 밤에도 느긋하게 쉴 수 없어서 심박이 안정되지 않거나 수면 주기가 무너지는 것은 건전한 흔들림이나 자연스러운 리듬이 깨진 상태입니다. 이 리듬을 유지하는 데는 '자율신경'이 깊이 관여하고 있습니다.

스트레스란 '스트레스 요인'과, 인간과 동물의 심신에 생기는 '뒤틀림'의 상호작용을 말한다

이에 관해 더 자세히 알아보기 위해 1부에서 이야기한 '스트레스'를 자율신경과의 관련성을 중심으로 더 깊이 살펴보겠습니다.

스트레스는 원래 물리학 용어였습니다. '스트레스 학설의 시조'라고 불리는 생리학자 한스 셀리에는 물체에 힘이 가해졌을 때 뒤틀림이 생기는 것과 같은 현상이 사람이나 동물에게도 일어난다는 것을 발견했습니다. 셀리에에 따르면 스트레스란 '스트레스 자극(스트레스 요인)'과 그것을 받아들이는 사람 혹은 동물의 심신에 생기는 '뒤틀림(스트레스 반응)'의 상호작용을 가리킵니다.

예를 들어 '힘든 일', '불쾌한 사건', '껄끄러운 사람', '소중한 존재와의 이별' 등은 모두 스트레스 요인입니다. 그런데 우리가 스트레스를 생각할 때는 이와 같은 스트레스 요인에 의해 자극을 받아서(스트레스를 받아서) 몸과 마음에 생기는 다양한 반응에도 주의할 필요가 있습니다.

스트레스 반응으로는 아래와 같은 것들이 있습니다.

- '초조하다', '우울해진다', '기운이 없다' 등 심리적인 면

- '음주나 흡연이 늘어난다', '실수가 잦아진다', '방이 지저분해진다' 등 행동적인 면
- '잠들지 못하게 된다', '위장의 상태가 나빠진다', '머리가 아파진다' 등 신체적인 면

스트레스 요인에 의해 지속적으로 스트레스가 가해지면 시간이 경과함에 따라 스트레스 반응이 나타나는 방식은 우측의 그래프와 같이 변화합니다.

가장 먼저 나타나는 경고 반응기는 스트레스 요인에 의해 몸이 긴급 반응하는 시기입니다. 이는 쇼크에 저항하기 전의 '쇼크 상태'와 스트레스로부터 몸을 지키기 위한 생체 방어 반응이 나타나는 '항쇼크 상태'로 나뉩니다.

업무 중에 실수를 하거나 상사에게 심하게 질책을 당하는 등 충격적인 사건이 일어나면 우선 수분에서 하루 정도에 걸쳐 체온, 혈압, 혈당치의 저하, 근육 긴장의 저하 등의 반응이 나타납니다(쇼크 상태). 이른바 '한순간 핏기가 가시는' 상태입니다.

그러나 머지않아 '항스트레스 호르몬'인 아드레날린이나 코르티솔 등이 분비되어 심박수와 혈압, 혈당치를 높이는 등 심신을 활성화해 스트레스를 받는 상태에 대항하려고 합니다(항쇼크 상태).

여기서 스트레스 요인에 의한 자극이 계속되면 저항기가 찾

아옵니다. 저항기 중에는 스트레스 요인과 저항력이 일정한 균형을 이루지만, 3개월 정도 지나 에너지가 소모되고 저항력이 떨어지면 탈진기에 접어듭니다. 탈진기에는 체온, 혈압, 혈당치 저하, 근육 긴장 저하 등 쇼크 상태와 유사한 반응이 일어나서 부신피질의 기능이 저하되고 그에 따라 우울증 등을 진단받는 상태가 되기도 합니다.

'참고 살 만큼 인생은 길지 않다'라는 말을 어딘가에서 들은 적이 있습니다. 스트레스 환경에서 자신과 맞지 않는 일을 참고 계속할 수 있는 기간은 생리학적으로 기껏해야 3개월 정도라고 합니다.

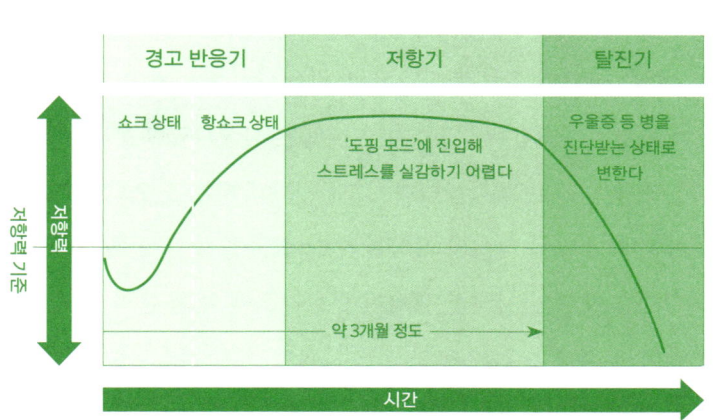

스트레스 반응의 3주기 변화

많은 사람이
스트레스로 가득 찬 상태에서 일한다
―

이 중에서 특히 주의해야 하는 시기는 저항기입니다. 항스트레스 호르몬 분비로 머리나 몸이 활성화되면 일시적으로 신체적 역량이 향상됩니다. 이른바 '절박한 상황에서 솟는 초인적인 힘'이라고 할 수 있는데, 한편으로는 서서히 내장 등에 혈액이나 에너지가 돌지 않아 위장 상태가 나빠지거나 '잠을 잘 자지 못한다', '자다가 잠에서 깬다'와 같은 수면 장애 증상이 조금씩 나타나기도 합니다.

그런데 신체 기능이 떨어진 것은 아니기 때문에 스트레스 상태라는 것을 알아차릴 수 없습니다. 스트레스를 받고 있지만 몸이 잘 저항하는 동안에는 스트레스 반응을 자각하지 못하는 것입니다. '스트레스 환경에 놓인 사람은 스트레스 반응을 자각할 수 없다.' 여기가 스트레스 관리의 가장 어려운 지점입니다.

머리로는 '컨디션이 좋다', '스트레스 같은 건 받고 있지 않다', '괜찮다'라고 생각합니다. 그래서 에너지가 소모되고 탈진기에 접어들어서 의사와 상담할 수밖에 없을 만큼 신체 증상이 심각해질 때까지 이러한 생각이 스트레스에 대한 몸의 방어 반응이라는 것을 눈치채지 못하는 사람이 적지 않습니다. 즉, 머리와 몸에 괴리가 생겨 몸이나 마음의 소리를 들을 수 없는 것입니다.

　이것이 셀리에가 제창한 '고전적 스트레스 이론'의 개요입니다. '심박수를 높이고, 혈압이나 혈당치를 높이는' 방법으로 심신을 활성화해서 스트레스 환경에 대항하는 과정이지요. 즉, 활성화는 기분을 고양시켜 고난에 대항하는 이른바 '업(up)' 계열의 반응이라고 할 수 있습니다. 다만 활성화를 위한 호르몬이 고갈되면 가라앉는 흐름이 찾아올 수밖에 없다는 것을 알아둡시다.

진짜 휴식을 취함으로써
적절한 스트레스 상태를 유지할 수 있다

'스트레스'라고 하면 부정적인 것을 떠올리기 쉽습니다. 하지만 결혼이나 임신, 승진, 수입의 증가 등 긍정적인 일이라 해도 생활에 변화를 일으키는 것은 스트레스 요인이 될 수 있다(생활 사건 스트레스)고 1부에서 이야기했습니다.

　또 '너무 평온해서 변화가 없다', '매일 아무런 고민할 거리나 필요도 없고, 힘들지 않은 일만 하고 있다' 등 스트레스가 너무 적은 상태를 '언더 스트레스'라고 합니다. 이러한 상태도 심신에 악영향을 주어 생산성이 저하되고 만족감이나 행복감, 성취감 등을 얻기 어려워집니다. 셀리에는 "스트레스는 인생의 향신료다."라고 말합니다. 사람은 적당한 스트레스가 있을 때 최고의 퍼포먼스를 발휘할 수 있습니다.

그렇다면 어떻게 해야 스트레스 상태를 적절한 정도로 유지할 수 있을까요? 무엇보다도 자율신경의 균형을 양호하게 유지하는 것이 중요합니다. 그리고 자신에게 맞는 진정한 휴식을 취하는 것이야말로 그것을 가능하게 합니다.

그러기 위해선 자기 몸과 마음의 소리를 들으려 노력해야 하죠. 평소에도 마찬가지지만, 만일 자신이 과도한 스트레스를 받고 있다고 느낀다면 깊은 휴식을 취해서 자율신경의 균형을 맞춰야 합니다. 그 일이 가능하다면 적절한 스트레스 상태와 심신의 건강을 유지하면서 좋은 퍼포먼스를 발휘할 수 있을 것입니다.

자율신경의 균형을 양호하게 유지하기 위해서는 자율신경이 무엇인지를 제대로 알아야 합니다. 다음 장에서는 자율신경에 관해서 최근 주목받고 있는 새로운 이론을 바탕으로 이야기하려고 합니다.

7장 | 셀리에의 '고전적 스트레스 이론'으로는 다 설명할 수 없는 스트레스 반응

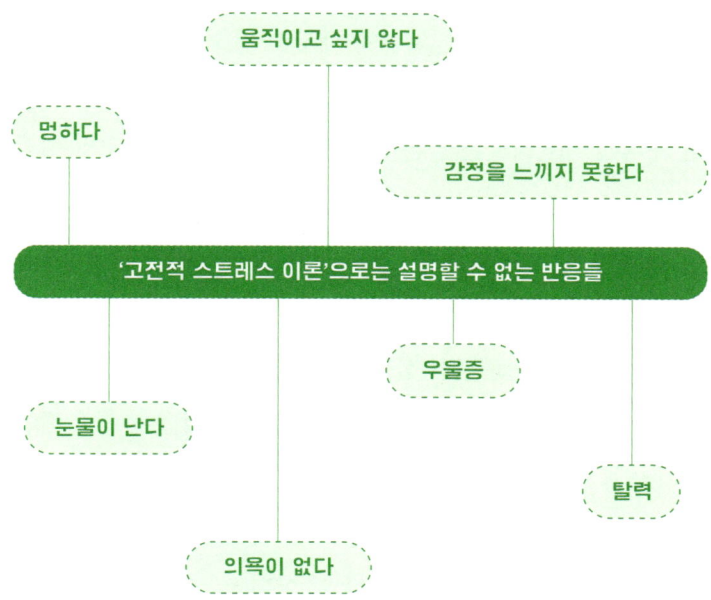

우리의 생명을 유지하는
자율신경

―

자율신경은 우리 의사와는 관련 없이 일하는 신경입니다. 이 신경은 기본적으로 '교감신경'과 '부교감신경'으로 이루어져 있으며, 양쪽이 시소처럼 균형을 잡음으로써 심장이나 위장을 비롯한 내장의 기능, 체온, 대사 등 인간의 생명을 유지하는 데 필요한 요소를 조절합니다. 우리가 특별히 의식하지 않아도 자연스럽게 호흡하거나 음식을 소화하는 것도 자율신경이 조절해 주는 덕분입니다.

교감신경은 자동차의 액셀에 해당하며 부교감신경은 브레이크에 해당한다고 알려져 있습니다. 교감신경이 우위에 있으면 체내에 아드레날린 같은 신경전달물질이 분비됩니다. 이와 함께 피부나 점막 등의 혈관 수축, 근육이나 신경의 긴장, 혈압이나 혈당, 심박수, 호흡수, 체온 등의 상승, 소화 기능의 저하와 같은 반응이 나타납니다.

즉, 심신이 긴장하면서 활동에 적합한 상태인 '배틀 모드'가 되는 것입니다. 반대로 부교감신경이 우위에 서면 심신이 편안해지고 수면이나 휴식에 적합한 '휴식 모드'가 됩니다. 그리고 몸은 환경의 변화에 맞춰 이 두 모드를 자율적으로 조절합니다.

인간은 낮에 활동하며 밝은 곳이 아니면 생활할 수 없습니다. 그 때문에 해가 떠 있으면 교감신경이 우위인 배틀 모드가 되어 활동하고, 해가 지면 부교감신경이 우위인 휴식 모드가 되어 휴식을 취하면서 에너지 효율을 최대화해 왔습니다.

또 천적에게 노출되는 것처럼 위기 상황에 놓이면 교감신경이 우위가 되어 몸은 강제로 배틀 모드가 됩니다. 우리의 몸은 '투쟁한다', '도주한다'와 같은 대처가 가능하도록 항스트레스 호르몬인 아드레날린이나 코르티솔 등을 분비하고 소화 기능을 억제하며 뇌나 심장, 폐, 근육으로 혈액이나 산소를 더 많이 보냅니다.

긴장하고 초조하거나 불안감을 느끼면 식욕 저하, 과호흡, 두근거림, 체온 상승 등의 반응이 나타나는 것은 그 때문입니다. 인간은 이렇듯 옛날부터 주변의 환경에 따라 위험을 감지하고 자동으로 체내 모드를 전환해 가며 살아남은 것입니다.

그런데 셀리에가 내세운 스트레스 반응은 교감신경이 주체가 되어 일어나는 것으로 알려져 있습니다. 이 구조는 기본적으로 '단기 결전용'입니다. 왜냐하면 고대의 위기는 단기적이었기 때문입니다. 천적에게 습격당했을 때 맞서 싸우거나 잘 도망가거나 혹은 공격을 받아 죽음에 이르렀다고 해도 스트레스를 받는 시간은 한순간이었습니다.

그러나 현대의 스트레스는 양상이 다릅니다. 시대가 흐르면서 조명이 생겨났고, 우리는 야간에도 생활할 수 있게 되었습니다. 이제 인류가 공룡을 비롯한 맹수에게 습격당할 위험은 거의 없습니다. 그 대신 일이나 인간관계 문제와 같은 '지속적인 위기'가 늘어났습니다.

싫어하는 상사, 하기 싫은 업무는 시간이 지나도 금방 사라지지 않습니다. 그리고 생활을 유지해야 하기에 싫어하는 상사와 싸워 적을 물리치는 것도, 모든 일을 내버려두고 도망치는 것도 어려워졌습니다. 밤에 잠들 시간이 되어도 싫어하는 사람에게 들은 이야기가 머릿속에서 떠나지 않거나 낮의 업무가 신경 쓰입니다. 언제까지나 '위기'가 사라지지 않는 것입니다.

이러한 환경의 변화 때문에 우리의 몸은 교감신경이 우위인 상태(배틀 모드)가 되는 일이 많아졌습니다. 동시에 부교감신경이 우위인 상태(휴식 모드)로 제때 전환할 수 없게 되면서 다양한 심신의 불편함이 생기게 됩니다.

즉, 교감신경과 부교감신경의 건전한 흔들림이 사라져서 몸이 교감신경 우위인 상태가 된 채 원래대로 돌아오지 못하게 된 것이야말로 현대인의 스트레스, 만성 피로의 주된 원인입니다.

따라서 스트레스나 피로를 풀려면 부교감신경을 우위로 만들어 심신을 안정시키는 휴식을 취할 필요가 있습니다.

지금까지 현대인과 스트레스, 그리고 자율신경에 관해서 이야기해 왔습니다. 아마 여러분 중에서도 스트레스가 쌓이면

'심호흡한다', '잠자기 전에 느긋하게 욕조에 몸을 담근다', '평온한 음악을 듣는다' 등 부교감신경을 고양하기 위한 일을 해야겠다고 생각하는 사람이 있을 것입니다. 이 설명대로라면 교감신경은 스트레스라 '나쁜 것', 부교감신경은 편안함이라 '좋은 것'이라고 인식하기 쉽습니다. 그러나 이야기는 그렇게 단순하지 않습니다.

교감신경만으로는
설명할 수 없는 반응

최근, 셀리에의 스트레스 이론이나 교감신경-부교감신경의 이원론으로는 설명이 되지 않는 경우가 늘어나고 있습니다.

 예를 들어 '적응 장애·억압 상태'라는 진단을 받고 사내 산업의로부터 휴직하라는 이야기를 들은 A 씨는 2~3개월간 휴양과 통원 치료를 통해 의욕과 집중력을 회복했습니다. 식사도 충분히 하고 집중력도 회복되어 여가 시간에는 친구와 게임이나 스포츠를 즐기는 정도가 되었습니다. 복귀할 만큼 충분히 회복했다고 판단한 주치의는 복직 허가를 내렸습니다. 그러나 복직 직전 갑자기 의욕이나 집중력이 저하되고 아침부터 두통이나 나른함이 계속되어 일어나기가 힘들어졌습니다. 무기력한 상태나 멍한 느낌이 계속되었고, 특히 기압이 낮아지면 욱신거리는 두통이 생겼습니다. 동시에 속이 불편하거나 몸이 무겁고 우울감을 자주 느꼈으며 자도 자도 졸음이 가시지 않고 계속 나른함을 느꼈습니다. 피로감이 가시지 않았고 항우울제도 별로 효과를 볼 수 없었습니다.

B 씨는 업무에 짓눌려 분명 무감정하고 무기력해졌는데도 '살아있는 시체'처럼 복종적으로 일하고 있었습니다. 분명 컨디션이 좋지 않아 보이는데 "힘든 걸 잘 못 느껴서 괜찮아요."라고 말하며 산업의의 휴직 권고에도 응하지 않고 계속 일했습니다.

엔지니어인 C 씨는 회사에서 강한 어조로 말하는 상사에게 몇 번이나 질책을 당했습니다. 상사가 "왜?", "근거는?" 하고 집요하게 추궁해도 머릿속이 하얘져서 대답도 못하고 반론도 할 수 없었습니다. 원래 우수한 코딩 능력을 갖추고 있었지만 머리가 점점 기능하지 않게 되었습니다. 그 상사가 같은 방에 있는 것만으로 굳어버려서 퍼포먼스를 전혀 발휘하지 못했고, 결국 회사를 다닐 수 없게 되었습니다.

이러한 사례에서는 스트레스 요인에 대한 교감신경의 배틀 모드가 제대로 기능하지 못했기에, 마치 몸이 얼어붙은 듯한 극심한 스트레스 반응이 두드러집니다.

셀리에 이론의 모델처럼 먼저 교감신경이 작용해 '저항기'에 들어가고 그것이 고갈되어 '탈진기'에 들어가는 게 아닙니다. 마치 교감신경의 프로세스를 그대로 건너뛰고 갑자기 지쳐서 늘어지고 굳어버리는 탈진기의 반응을 보이는 사람이 드물지 않게 보입니다. 이러한 '동결 반응'이라고 할 만한 것에는 미주신경이 깊이 관여하고 있다는 것이 밝혀졌습니다.

여러분은 '혈관미주신경반응'[*]이라는 현상을 알고 계시나요? 이는 긴장이나 스트레스로 인해 미주신경이 혈압 저하나 맥박 감소 등을 일으켜 얼굴이 창백해지고 구역질이 나거나 실신하는 것입니다. 코로나 백신 접종 후에 이 증상을 호소한 사람이 있어서 화제가 되었습니다. 혈관미주신경반응이 일어나는 계기는 자율신경 반사와도 관련이 있습니다. 앞에서 말했듯 미주신경은 자율신경의 핵심을 이루는 신경으로 부교감신경의 80퍼센트가량을 차지하고 있기 때문입니다.

지금까지 이야기한 내용을 바탕으로 자율신경에 대해 정리하면 아래와 같습니다.

- 교감신경 = 몸과 마음을 활동적으로 만든다 = 자동차의 액셀 같은 것

---

[*] 원문에서는 혈관미주신경반사(反射)라고 썼지만, 국내 의학 용어로는 '혈관미주신경반응'이 주로 쓰인다.

- 부교감신경 = 몸과 마음을 이완시킨다 = 자동차의 브레이크 같은 것

그러나 부교감신경(미주신경)이 우위가 될 때 편안해지는 것을 넘어 때때로 몸이 굳거나 혈압 저하, 실신이 일어나는 것은 도대체 왜일까요? 여기에 의문을 가진 사람이 생리학자 스티븐 W. 포지스입니다. 그리고 그가 주장한 이론이 지금까지 교감신경을 중심으로 이야기했던 스트레스의 개념에 새로운 관점을 부여했습니다.

8장 | 포지스 박사가 발견한 새로운 스트레스 이론

부교감신경은 실은 둘로 나뉜다

포지스 박사는 척추동물의 자율신경에 관한 온갖 문헌을 조사한 뒤 부교감신경의 80퍼센트를 차지하는 미주신경에 '배측 미주신경'과 '복측 미주신경'이라는, 전혀 기능이 다른 두 종류의 신경이 존재한다는 것을 밝혀냈습니다.

오랫동안 자율신경에는 '교감신경 우위 상태'와 '부교감신경 우위 상태'의 두 가지 모드가 있다고 여겨져 왔는데, 포지스의 발견으로 '자율신경 모드는 세 단계로 나뉘는 것이 아닌가?' 하는 의문이 제기된 것입니다. 포지스는 이 가설을 '다미주신경 이론(Polyvagal Theory)'이라 이름 붙였습니다. 폴리베이갈(polyvagal)이란 '많다'는 의미를 가진 poly와 미주신경을 뜻하는 vagal을 조합한 포지스의 조어로, 한국어로는 '다미주신경'이라 번역됩니다.

또한 미주신경이란 뇌간*(그중에서도 연수)에서 나오는 뇌신경의 일종입니다. 이 신경은 우리의 호흡이나 심박, 소화 등 생명을 유지하는 데 필수적인 기능을 조절하는 아주 중요한 역할을 담당하고 있습니다.

'복측', '배측'이라는 말에서 여러분은 복부나 등에 뻗어있는 신경을 떠올릴지도 모릅니다. 실제로는 신경의 기점이 되는 신경핵이 뇌간의 배 쪽에 있으면 복측 미주신경, 뇌간의 등 쪽에 있으면 배측 미주신경이라고 부릅니다.

스트레스 반응에도
두 가지 방향성이 있다

사실 포지스 이전에도 교감신경계의 반응과는 질적으로 다른 스트레스 반응이 있다는 점이 지적되어 왔습니다.

예를 들어 (트라우마라고 해도 좋을 수준의) 극심한 스트레스 자극을 받았을 때 '죽은 척'과 같은 탈진 반응이 일어나는 것이나,

---

*   척수와 대뇌 사이에 줄기처럼 연결된 뇌의 부분. 중간뇌, 다리뇌, 숨뇌로 이루어져 있다. 뇌줄기라고도 한다.

강제 수용소처럼 도망칠 수 없는 스트레스 환경에 갇혀있는 사람은 무저항·무감정이 되어간다고 알려져 있었습니다. 다미주신경 이론은 이러한 교감신경적인 방어와는 다른 벡터 반응에 일정한 신경학적인 근거를 제공했습니다.

'스트레스 반응에는 크게 두 가지 방향성이 있다'고 할 수 있습니다. 첫 번째는 스트레스를 받으면 심장 박동이나 호흡이 빨라지고 혈압이 오르며 불안, 짜증, 초조함을 느끼게 됩니다. 또 가슴이 두근거리고 술렁이거나 숨이 얕고 빨라지며 잠이 오지 않거나 자다가 깨는 수면 장애가 발생하기도 합니다. 이는 교감신경 작용에 의해 일어나는 것이며 다가오는 위기에 대해 투쟁(fight)이나 도피(flight)하는 것으로 사태를 해결하려는, 이른바 '하이 텐션' 반응입니다. 이를 '업 계열 스트레스 반응(불꽃 모드)'이라고 부르기로 합시다.

두 번째는 '다운 계열 스트레스 반응(얼음 모드)'입니다. 몸이 나른하고 활력이나 흥미가 일지 않아 우울해지고 감정이 생기지 않으며 괜히 졸리고 멍해지거나 기억이 애매해지는 반응이 여기에 해당합니다. 모두 혈압이나 심박수, 각성 레벨 등이 떨어지는 이른바 '로우 텐션' 반응입니다. 이와 같은 다운 계열 스트레스 반응은 앞에서 이야기한 혈관미주신경반응과 마찬가지로 배측 미주신경과 그 그룹이 관련되어 있다는 점이 밝혀졌습니다.

즉, 우리의 스트레스 반응에는 '업 계열', '다운 계열'의 두 가지 유형이 있으며, 각각 대응하는 신경계가 다릅니다. 반응이 일어나는 메커니즘이 다르면 당연히 필요한 대처 방법도 달라질 것입니다. 그러나 지금까지 양쪽을 '같은 스트레스 반응'이

불꽃 모드
업 계열: 분노, 패닉

- 교감신경이 우위인 상태
- 과각성
- 위기에 대해 투쟁 혹은 도피하는 반응

궁지에 몰린 표정, 안구가 튀어나옴, 험악한 목소리, 심장 두근거림, 혈압 상승, 안면 홍조, 빠르고 얕은 호흡, 식욕 억제, 떨림, 발한, 어깨가 올라감, 앞으로 기울어진 자세(공격 태세), 주의력 과잉

휴식 모드

- 복측 미주신경이 우위인 상태
- 최적 각성
- 치유와 연결을 확보

온화하고 여유로운 표정, 부드러운 눈의 반짝임, 부드러운 목소리, 깊고 느린 호흡, 넓어진 흉곽, 유연한 자세

얼음 모드
다운 계열: 동결

- 배측 미주신경이 우위인 상태
- 각성
- 에너지를 절약하여 자신을 보호한다

멍한 표정, 동공 축소, 목소리에 높낮이가 없어짐, 느려진 맥, 저혈압, 창백한 얼굴, 평온하고 얕은 호흡, 탈진(나른함), 한기, 실신, 흉곽이 닫힘, 앞으로 숙인 자세(방어 태세), 주의력 저하(방심 상태), 감정을 느끼기 어렵다(해리)

라 혼동해 온 것이 휴식을 취하는 것, 특히 적절한 휴양 행동을 선택하기 어렵게 만든 커다란 요인 중 하나가 아니었을까 생각합니다.

이제까지는 '부교감신경이 우위를 차지하면 심신은 릴랙스 상태가 된다'고 알려져 있었지만, 다미주신경 이론에서는 복측 미주신경을 중심으로 한 신경 그룹(복측계)이 우위에 있으면 심신이 안정되어 릴랙스 상태가 된다고 분석합니다.

셀리에의 스트레스 이론에서는
설명할 수 없었던 '동결 반응'

싸우는 것도 도망치는 것도 할 수 없을 때 야생동물은 어떻게 할까요? 굳어서 '죽은 척'을 합니다. 눈의 초점이 사라지고 의식이 희미해져서 통증을 느끼기 어려워집니다. 대부분의 육식동물은 감염을 두려워해서 짐승의 사체를 먹지 않습니다. 즉, '굳는다(동결한다)'는 것은 싸우는 것도 도망치는 것도 불가능한 경우에 그 상황을 모면하고 살아남을 가능성을 높이는 방어 수단입니다.

그리고 이것을 부교감신경 속 배측 미주신경이 좌우한다는 것이 포지스의 주장입니다. 이는 투쟁(Fight)과 도피(Flight) 등 교감신경적인 방어 반응과는 다른 세 번째의 F=동결(Freeze)이라 불리고 있습니다.

앞에서 이야기한 것처럼 현재의 스트레스 요인은 고대와 다르게 장기적이라 도망칠 수 없습니다. 스트레스를 주는 상사에 맞서거나 스트레스가 많은 업무나 인간관계를 내던지고 도망치는 건 거의 불가능할 것입니다. 그렇다면 세 번째 방어 반응인 '동결'이 나타나기 쉽다는 것이 이치에 맞지 않을까요?

실제로 현장에서 느끼는 바로는, 스트레스 요인에 강하게 반발하기보다는 가능한 한 원만하게 저항하지 않고 '동결'하여, 조금이라도 고통을 줄이면서 어떻게든 상황을 모면하려는 방어적 태도를 선택하는 사람이 늘어나고 있는 것 같습니다.

그리고 젊은 사람일수록 이러한 경향이 현저하게 나타나고 있습니다.

- 상사나 거래처에서 심하게 질책당해, 머릿속이 하얘져서 아무것도 생각할 수 없다
- 아침에 학교나 회사에 갈 시간이 되면 진이 빠져서 일어날 수가 없다
- 큰 슬픔이나 괴로움을 느끼고 기력을 잃었다
- 인생이나 장래, 지금 내가 처한 상황에 체념해 무기력과 절망을 느낀다

- **나만 참으면 된다며 마음을 닫아버린다**

이러한 것들은 모두 배측계의 동결(Freeze)이라는 방어 반응이 나타난 것이라 할 수 있습니다. 이러한 증상이 일시적으로 나타난 것이라면 아직 괜찮지만, 동결 상태, '얼음 모드'에서 언제까지고 벗어나지 못하면 사회생활을 이어가기 어려워집니다.

또 얼음 모드에 관해서는 여지껏 널리 알려지지 않아서 이 반응이 '의지의 문제'라고 생각되기 쉽습니다. 주변 사람으로부터 '무기력하고 의욕이 없거나 아침에 일어나지 못하는 것은 멘탈이 약하기 때문'이라는 말을 듣고, 동결 상태에 갇힌 자신을 '글러 먹은 인간이다'라고 스스로 비난하면서 점점 더 얼음 모드를 벗어나지 못하게 됩니다. 이런 악순환에 빠진 사람도 적지 않습니다.

그러나 이러한 증상이 결코 기합이나 근성의 문제가 아니라 '배측계에 의한 방어 반응'이라는 신경학적인 문제로도 해석할 수 있다는 것이 다미주신경 이론의 이점입니다. 게다가 이 이론을 따라가면 '그러면 무엇이 나의 방어 반응을 끌어내고 있는가?'라고 생각해 볼 수 있는 시점도 찾아옵니다. 사람에 따라서는 '아, 나는 회사에서의 인간관계를 거부하고 싶은 건지도 모른다'처럼 좀 더 본질적인 문제를 깨달을 수도 있습니다.

9장

사람은 너무 힘들면
'힘들지 않게 된다'

너무 괴로우면 뇌 기능의 일부가 저하된다

해리도 대표적인 배측계의
방어 반응이다

1부에서 이야기한 것처럼 사람은 너무 힘들면 힘들다는 것을 포함한 모든 감정을 느끼지 않게 됩니다. 앞서 설명했듯 뇌 기능의 일부가 저하되어 마음을 마취하듯 변화시키면, 현실 감각이 사라져서 자신의 괴로움이 마치 타인의 일처럼 느껴지게 됩니다. 이것을 '해리'라고 합니다. 해리 또한 대표적인 배측계의 방어 반응이라 할 수 있습니다.

  본래 다미주신경 이론은 의학계보다 심리학계에서 먼저 지지를 받았습니다. 해리라는 현상을 잘 설명해 주었다는 점이 중요한 이유 중 하나입니다. 해리 전문가인 정신건강의 노마 슌이치는 해리를 분석할 때 다미주신경 이론을 이해하는 것이 유용하다고 주장하는 동시에 "인간은 자신의 생명이 위협받는 듯한 큰 스트레스 상황에서는 동결 상태가 된다."라고 이야기했습니다.

  해리는 괴로운 감정이 주는 자극이 너무 강해서 도저히 처리할 수 없을 때 자동으로 '감각이 분리되는 상태'를 뜻합니다. 말하자면 뇌에서 준비한 차단기와 같은 것으로, 과한 자극에 압도되지 않도록 반강제적인 셧다운을 걸어 뇌를 보호하는 것입니다. 너무 괴로운 기억이 떠오르지 않거나 싫은 상사가 있는 쪽의 귀만 들리지 않게 되는 것도 해리입니다.

  셀리에가 말하는 '탈진기'에 들어간 사람은 눈에 초점이 없고 무기력하고 나른하며 의식은 멍합니다. 이는 배측 미주신경에 의한 방어로 해리가 일어나고 있기 때문이라 추측할 수 있습니다. 생물학적으로 보면 감각을 분리해 '죽은 척'을 해서 몸을 지키는 작용이기 때문에 해리 상태가 계속되면 몸이 죽은 것 같은 상태로 남게 됩니다. 살아있는 건지 죽은 건지 알 수 없는 좀비(살아있는 시체)처럼 시키는 일을 묵묵하게 해내며 '당하기만 하는' 상태가 되는 것입니다.

흔히 이런 좀비 상태가 된 사람의 주변에서는 '왜 좀 더 저항하지 않지?'라거나 '다른 방법을 찾아보라'고 하는데, 그건 어렵습니다. 누군가가 방어 상태에 들어가 있을 때는 이성적인 뇌의 기능을 관장하는 전두엽이 방해를 받고 있으므로 합리적인 사고나 판단을 할 수 없습니다. 이미 '생각하지 않고 그냥 생존한다'는 모드에 진입한 것입니다.

해리를 포함하여 배측계에 의한 '다운 계열 반응'은 젊은 세대를 중심으로 점점 늘어나고 있으며, 이는 아주 현대적인 방어 반응으로 여겨집니다. 괴롭힘이나 인간관계의 트러블로 인한 등교 거부, 은둔형 외톨이 문제, 노력해도 소용이 없으니 무기력해진다는 '학습된 무력감', 대인관계를 점점 도피하는 회피적인 '초식화' 문제, 이러한 것들에 배측계의 방어 반응이 크게 관여하고 있다고 할 수 있겠지요.

방어 반응은
나쁜 것이 아니다

여기서 강조해 두고 싶은 것은 교감신경에 의한 '투쟁'과 '도피' 반응도, 배측 미주신경에 의한 '동결' 반응도 나쁜 것은 아니라는 점입니다. 위기와 맞서 싸우거나, 도망치거나, 그것도 할 수 없다면 굳어서 상황을 모면하는 것은 오히려 꼭 필요한 일입니다.

다만, 흔들림의 리듬을 잃어버려서 정상적인 상태로 '돌아오지 못하는' 상황이 된다면 곤란합니다. 위기나 위협이 지나가도 교감신경이 활성화된 상태가 지속되거나 해리에 빠진 상황처럼 계속 배측계에서 돌아올 수 없다는 것이 문제입니다.

흔들림을 잃어버린 상태에서 벗어나려면, 지금 자신의 자율신경 상태를 알고 흔들림을 되돌리기 위해서 적합한 행동을 취해야 합니다. 불꽃 모드나 얼음 모드에 과도하게 몰입한 상태에서 벗어나 복측 미주신경이 우위인 상태로 심신을 이끄는 것이 진정한 의미의 회복으로 이어지는 '휴식 방법'이 될 것입니다.

여기서 중요한 사항을 다시 한번 정리하겠습니다.

- 교감신경계의 작용만으로는 설명할 수 없는 배측 미주신경계의 '다운 계열 스트레스 반응'이 있다
- 한편 복측 미주신경계의 작용을 통해 릴랙스되어 안전하다고 느끼거나 안심할 수 있다

이제까지 스트레스를 완화하고 피로나 마음의 상처를 치유하기 위해서는 자신에게 맞는 진짜 휴식을 취하고, 심신이 안전하다고 느끼며, 안심할 수 있어야 한다고 이야기해 왔습니

다. 하지만 안심하거나 안전하다고 느끼는 것은 마음의 문제만
이 아니라 신경학적인 반응이기도 합니다. 복측 미주신경계가
제대로 일하게 된다면 우리는 좋은 휴식 방법을 찾아낼 수 있
습니다.

불안하거나 안전하다고 느끼지 못하면
자신의 진짜 기분을 눈치챌 수 없다

인간이 사회에서 타인과 관계를 맺고 의욕적으로 활동하기 위
해서는 '나는 괜찮다'라는 안전 감각이 필요합니다. 포지스는
그것이 복측 미주신경계의 작용에 의해 나타난다고 주장했습
니다.

안전하다고 느끼거나 안심했을 때, 인간은 겨우 다른 사람의
요구나 자신을 비난하는 기분에서 해방되어 본래의 솔직한 자
신에 가까워집니다. 본심을 표현할 수 있게 되고 자신의 진짜
마음, 진짜 요구를 깨달을 수 있습니다.

반면 불안하거나 안전하지 못하다고 느낄 때는 자신의 마음
을 자각하거나 솔직하게 표현할 수 없습니다. 괴롭힘이나 갑질
을 당하는 사람이 누구에게도 진실이나 자신의 속마음을 말하
지 못하는 것은 '타인'이 안전하거나 안심할 수 있는 존재라고

감각하지 못하기 때문입니다.

'자신이 누군가에게 공격당하고 있는 상황'이라면 교감신경 혹은 배측 미주신경계의 방어 작용이 일어나 복측 미주신경계가 일하기 힘든 상태가 됩니다. 그러면 자신을 공격하는 사람뿐만 아니라 모든 '타인'에 대한 경계심이나 불신이 증가하는 것으로도 이어집니다. 그 사람에게는 '사회는 위험하다'는 인식이 생겨 항상 신경을 곤두세워야 하는 상황이 되는 것입니다.

실제로 사회는 안심할 수 있거나 안전한 장소는 아닙니다. 곳곳에 불공평한 관계나 거래가 있고, 일이나 돈은 참고 견뎌야만 얻을 수 있는 것이라고 느껴지는 경우도 종종 있습니다. '타인을 위해 노력하는 것이 당연하다'고 여겨 인내심을 강요당하고, 인내하지 않으면 타인에게도 자기 자신에게도 비난을 받습니다.

우리의 사회나 생활은 스트레스로 가득 차 있습니다. 그런 가운데서도 안심하거나 안전하다고 느낄 수 있는 장소나 사람을 발견할 수 있다면 우리는 복측 미주신경이 우위인 상태, 즉 '원래의 나'라는 자연스럽고 편안한 상태로 있을 수 있습니다. 이는 '자신이 원하는 것을 충족하고 있는 상태'라고도 할 수 있습니다. 그러한 상태라면 우리는 사회와 적극적으로 어울리며 살아갈 수 있습니다.

현대 사회에서 어떤 스트레스도 받지 않고 24시간 365일 항상 안심하거나 안전하다고 느끼며 있는 그대로의 자신으로 지내는 것은 몹시 어려울 것입니다. 그렇지만 우선 하루에 5분에서 10분이라도, 일주일에 단 하루라도 '몸과 마음이 편안해지는 감각'을 느낄 만한 시간을 가져야 한다고 생각합니다.

몸과 마음을 회복한다
RESTORE THE MIND AND BODY

3부

사람은 '안전'하다고 느끼거나 '안심'하면 치유되고 회복한다

다미주신경 이론에 의해 밝혀진 것

이제까지 자율신경은 '심신을 긴장시켜서 활동에 적합한 상태로 만드는 교감신경'과 '심신을 이완시켜서 휴식이나 수면에 적절한 상태로 만드는 부교감신경', 이 두 가지로 이루어져 있으며 양쪽이 시소처럼 균형을 잡는 과정에서 호흡수, 심박수, 체온, 대사, 소화 기능 등이 조절되고 있다고 여겨졌습니다.

그리고 인간은 '일이 바빠서 쉴 수 없다', '인간관계에서 큰 트러블이 생겼다'와 같은 스트레스를 받으면 교감신경이 우위인 상태에서 부교감신경이 우위인 상태로 전환이 잘 되지 않아 '잠들지 못한다', '소화가 잘 안된다', '면역력이 저하되어 질병에 걸리기 쉬워진다' 등 다양한 심신의 이상이 나타나게 된다고 했습니다.

스트레스를 완화하기 위해서는 '푹 쉰다', '천천히 심호흡한다', '라벤더 같은 진정 효과가 있는 아로마 오일을 사용한다'

등을 통해 부교감신경을 우위에 두는 상태로 유도하는 것이 효과적이라고 알려져 왔습니다.

그러나 최근에는 다미주신경 이론으로 인해 새롭게 알려진 내용이 있습니다.

- 부교감신경의 대부분을 차지하는 미주신경이 배측 미주신경과 복측 미주신경, 둘로 나뉘어져 있다는 것
- 몸이 '교감신경이 우위인 상태', '배측 미주신경계가 우위인 상태', '복측 미주신경계가 우위인 상태'를 왔다 갔다 하고 있다는 것
- 지속적으로 스트레스를 받을 때, 교감신경이 우위인 상태가 지속되는 것(불꽃 모드에 들어간다)뿐만 아니라 배측 미주신경 우위인 상태가 계속되는 경우(얼음 모드에 들어간다)도 있다는 것
- 불꽃 모드와 얼음 모드에서는 심신에 나타나는 반응도, 거기에서 벗어나는 방법도 다른 경우가 있다는 것
- 복측 미주신경계가 우위인 상태가 되면 안심하거나 안전하다고 느낄 수 있다는 것

3부에서는 다미주신경 이론을 더 자세히 소개하면서 '자신에게 맞는 진짜 휴식을 취하고, 불꽃 모드나 얼음 모드에 갇힌 상태를 빠져나와 안심하고 안전하다고 느끼며 사회에서 살아가기 위한 방법'에 관해 구체적으로 이야기하겠습니다.

스트레스를 받거나 마음에 상처를 입어서 '항상 기분이 고양되어 있다', '잠이 오지 않는다' 등 불꽃 모드에 들어가 버린 사람도, 얼음 모드에 들어가서 '아무리 쉬거나 몸을 움직여도 나아지지 않는다' '일상에 즐거움이나 행복을 느낄 수 없다' '일하러 가려고 하면 컨디션이 나빠진다'와 같은 고민을 안고 있는 사람도 꼭 참고해 보시기 바랍니다.

10장 | 몸과 마음의 해상도를 높이는 부교감신경의 두 가지 기능

지금까지 자율신경은

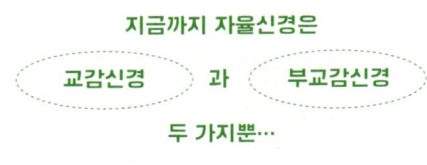

두 가지뿐…

다미주신경 이론에서는
부교감신경이 둘로 나뉜다

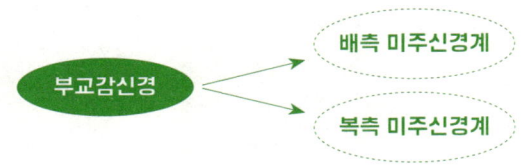

부교감신경은
두 개의 미주신경으로 이루어져 있다

이제부터는 다미주신경 이론에 관해서 좀 더 자세히 이야기해 보겠습니다.

생소한 단어가 많이 나와서 어렵게 느끼는 분도 있을지 모르지만, 이 이론을 알면 자신이 스트레스를 느꼈을 때 어느 모드에 들어가게 되는지, 혹은 들어가기 쉬운지를 확인하고 더 건강한 방향으로 나아가는 데 매우 도움이 됩니다. 여러분에게 필요한 내용을 최대한 쉽게 설명할 계획이니 계속 함께해 주세요.

다미주신경 이론은 포지스에 의해 1994년에 발표되었습니다. 부교감신경이 배측 미주신경과 복측 미주신경 둘로 나뉜다는 것과 각각의 역할을 밝힌 것이 다미주신경 이론입니다.

해부학의 세계에서는 이전부터 배측 미주신경과 복측 미주신경의 존재가 밝혀져 있었습니다. 포지스 박사는 선인들이 남긴 신경해부학 문헌을 통해 이들을 알게 되어 자신의 전문 분야인 정신생리학 분야로 가지고 왔습니다. 정신생리학이란 정신 활동이 신체의 기능(생리)과 어떻게 이어지는지를 연구하는 학문입니다. '마음'과 '몸'을 이어주는 학문 분야의 하나입니다.

배측과 복측, 각각의 미주신경에 관해서 상세하게 살펴봅시다. 배측 미주신경은 진화의 오래 전 단계에서부터 존재했습니다. 생물의 진화 단계에서 파충류 정도까지는 하나의 미주신경만으로 살아왔습니다. 배측 미주신경은 장과 같은 기관에 많이 분포하고 소화 흡수 기능에 관여합니다. 이 신경의 섬유는 가느다란 나(裸)전선처럼 절연체로 감싸여있지 않기 때문에 전달 속도가 빠르지 않습니다.

배측 미주신경의 가장 큰 기능은 '부동화', '동결'입니다. 배측 미주신경이 우위인 상태가 되면 감정을 느끼기 어려워지고 주의력이 저하되거나 기력을 잃습니다. 스마트폰이나 컴퓨터의 배터리가 0퍼센트에 가까워지면 갑자기 동작이 느려집니다. 마찬가지로 우리의 몸은 위기에 직면했을 때 있는 힘껏 브레이크를 걸어서 전신의 활동성을 떨어트립니다. 몸은 '에너지 절약 모드'로 강제 전환되어 온 힘을 다해 에너지 소비를 피함으로써 생존 가능성을 높이려고 합니다.

배측 미주신경은 에너지가 고갈되고 있는 상황에서도 움직일 수 있는 에너지 절약 신경계입니다. 우리 인간도 어떤 스트레스를 안고 투쟁(Fight)하거나 도피(Flight)하는 것이 불가능할 때는, 강한 스트레스를 받아서 상처받고 소모된 심신을 치유하고 회복하기 위해 배측 미주신경을 우위에 두어 세 번째 F인 동결(Freeze)을 일으킵니다.

스트레스로 인해 교감신경이 우위가 되어 짜증 나거나 흥분 상태가 되었을 때, 즉 불꽃 모드에 들어갔을 때는 혈압이나 혈당 수치, 심박수 등이 상승합니다. 이는 스트레스에 대항하기 위한 신체 반응이지만, 이 상태가 계속되면 심신은 지치고 맙니다. 배측 미주신경은 이러한 반응을 억제하는 브레이크와 같은 역할을 하며 심신을 쉬게 해서 회복으로 이끌어 줍니다.

다만 너무 크거나 지속적인 스트레스를 받아서 교감신경이 과도한 수준으로 우위에 있으면 배측 미주신경이 과잉 브레이크를 걸게 됩니다. 그 결과 얼음 모드에서 벗어나지 못하게 되는 경우가 발생합니다.

연결되면
'안전함'을 느낄 수 있다

한편 복측 미주신경은 '사회 신경계', '사회와의 연결을 촉구하는 신경'이라고도 알려져 있습니다. 복측 미주신경은 동료와의 커뮤니케이션을 활성화하는 과정에서 발달한 것으로, 기본적으로는 포유류 중에서도 영장류, 특히 인간의 경우 이 신경이 상대적으로 더 발달했습니다. 복측 미주신경은 배측 미주신경에 비해 전선이 두껍고 절연체로 확실하게 덮여 있기 때문에 전달 속도가 빠르며, 배측 미주신경보다 많은 에너지를 사용합니다. 복측 미주신경은 커뮤니케이션을 위한 신경계이며, 그 역할의 근간은 '안전하다는 감각'을 만드는 것입니다.

사회적으로 교류하기 위해서는 상호 위험이 없다는 것을 확인하고 편안한 상황을 만들어가야 합니다. 안심할 수 없는 상대와는 교류할 수 없고, 교류해서는 안 됩니다. 이를 위해선 상대방의 표정 등 다양한 정보를 주고받을 필요가 있습니다.

여기서 큰 역할을 하는 것이 복측 미주신경과 그 동료인 몇 개의 뇌신경 그룹(복측계)입니다. 위험을 느낄 때나 완전히 지쳐있을 때 사람과 교류할 마음이 들지 않는 신경학적인 이유는 이 복측 미주신경계가 제대로 작용하지 않기 때문입니다. 우리는 눈앞의 상대가 안전한지, 위험한지를 신경 수준에서 동물적으로 파악하고 있는 것입니다. 이를 포지스는 '신경지(neuroception)'라고 부릅니다.

복측 미주신경계는 우리가 타인과의 우호적인 연결, 즉 사회와의 연결이 이루어졌을 때 우위가 되어 우리의 심신을 편안하게 만들어 줍니다. 우리의 동물적인 몸은 신경 수준에서도 타인과의 양호한 연결을 원하고 있으며, 그렇게 되었을 때 안심하거나 안전함을 느낄 수 있고, 평온하며 건강한 상태를 유지할 수 있습니다.

예를 들어 여러분은 사이가 좋은 가족이나 친구와 긴장하지 않은 채 온화한 표정과 상냥한 눈빛, 차분한 목소리 톤으로 대화할 수 있지 않나요? 이는 속속들이 아는 타인과의 커뮤니케이션으로 인해 복측 미주신경이 우위인 상태가 되어 심신이 평온해지기 때문입니다.

여기서 중요한 것은 물리적인 안전과 안심 가능성의 확보 여부가 아니라 자기 신경이 '안전함과 안도감'을 느끼고 있는지입니다. 집 주위를 담으로 에워싸고, 방범 카메라를 설치하고, 집에 틀어박히는 것은 다미주신경 이론에서 이야기하는 안전과는 다릅니다. 그렇게 견고하게 쌓아 올린 환경에 있다고 해도 신경 수준에서 안심하지 못하면 우리는 불안을 느끼게 됩니다. 반면 사회나 타인과 연결될 때 마치 보호자의 팔에 안긴 아기처럼 무방비 상태에서도 '위험하지 않다'고 느끼는 경우 복측 미주신경계가 우위에 있게 됩니다.

다미주신경 이론은 몸과 마음을 연결하는 자율신경의 기능이나 스트레스 반응에 대한 이론이지만, 거기에 머무르지 않고 '안전함, 안도감'이나 '연결'에까지 나아간다는 점에서 매우 독특한 이론입니다.

즉, 몸과 마음과 사회를 연결하는 이론이라고도 할 수 있습니다.

우리의 몸과 마음은
이어져 있다

—

기업의 생산성이나 조직 구성의 맥락에서 '심리적 안정'이라는 말이 주목받은 지도 오래되었습니다. 특히 '마음의 안정'이 화제가 된 것은 요즘 시대에 그것을 얻기가 어려워졌기 때문이 아닐까요?

또한 현대 사회는 '연결되는' 것도 어려워졌습니다. 인간의 다양한 커뮤니케이션 방식이 시대적으로 배측 미주신경의 우위 상태를 촉진하게 되었다고 생각하지 않을 수 없습니다. 이런 경향은 특히 젊은 세대에서 두드러지게 나타나는 게 분명하니까요.

지금까지 다미주신경 이론에 관해서 이야기했는데, 이 이론에서 중요한 점을 돌아보면 아래와 같습니다.

- 몸과 마음은 이어져 있다는 것
- '마음의 문제'라고 여겼던 것이 실은 '신체(경계)의 반응'에 지나지 않는다는 것
- 불꽃 모드나 얼음 모드의 과도한 정체에서 벗어나기 위해서는 복측 미주신경을 활성화하고 자기 자신이나 사회에 대해 '안전함과 안도감'을 느끼도록 할 필요가 있다는 것

1부에서도 이야기했듯이 아무런 의욕이 생기지 않거나 어떤 것에도 감동이나 기쁨, 행복을 느끼지 못하게 되는 것을 '마음의 문제'라고 생각하는 사람이 적지 않을 것입니다. 그러나 그런 생각으로는 문제에 정확히 대처하기가 어렵습니다.

또한 만성적인 스트레스와 피로를 느껴서 잠을 자거나 몸을 움직이는 등 어떻게든 자신을 회복하려 다양한 행동을 시도해 봐도 회복을 실감하지 못한 사람이 많으리라 생각합니다. 그런 사람은 자신이 지금 어느 모드에 들어가 있는지를 자각하여 몸이 필요로 하는 휴양 행동을 실천해야 합니다.

11장 나의 스트레스는 교감신경과 배측계 중 어느 쪽에서 나타나고 있을까?

어느 쪽 반응이 나타나는지는 사람마다 다르다

그렇다면 불꽃 모드와 얼음 모드에 관해서 조금 더 자세히 이야기해 봅시다. 자신이 어느 모드에 해당하는지에 따라 대응 방법이 달라지기 때문입니다.

스트레스를 받았을 때, 심신은 교감신경이 우위인 상태(불꽃 모드)와 배측 미주신경이 우위인 상태(얼음 모드)에 들어갑니다. 적이 분명해서 싸우든 도망치든 어느 한쪽의 대응을 취하는 것으로 그 상황을 어떻게든 타파할 수 있는 경우는 교감신경이 우위가 되어 불꽃 모드에 들어가기 쉽다고 할 수 있습니다.

반대로 적의 모습을 알지 못할 때나 적이 너무 거대해서 저항할 방법이 없을 때, 타인에게서 고립되어 있을 때는 배측 미주신경이 우위를 차지해 얼음 모드로 들어가기 쉽습니다. 이럴 때 우리는 싸우지도, 도망치지도 못한 채 그저 움직일 수 없게 되어 버립니다. 원칙적으로는 '교감신경으로 대처할 수 없을 때 배측계 모드에 들어간다'라고 알려져 있는데, 갑자기 배측계 모드에 들어간 것처럼 보이는 사람도 많습니다.

위기에 대처하기 위해 필요에 따라 '불꽃 모드', '얼음 모드'에 들어가는 것은 전혀 문제가 되지 않습니다. 오히려 필요한 방어적 대응입니다. 그리고 건전한 상태라면 어느 모드에 들어가도 서서히 중립 상태로 되돌아옵니다. 그러나 스트레스가 너무 크면, 자율신경의 흔들림이 사라져 위기 모드에서 돌아오지 못합니다. 심하게 정체되어 버리는 것입니다.

그렇게 정체된 경우라도 우리는 복측 미주신경을 우위에 둠으로써 그 상태에서 벗어날 수 있습니다. 복측 미주신경계를 자극해 교감신경계에 의한 심신의 긴장이나 공격성을 누그러트리거나, 안전함과 안도감을 느끼게 해서 배측 미주신경에 의한 동결 상태에서 해방시킬 수 있기 때문입니다.

또 같은 스트레스를 받아도 불꽃 모드에 들어가기 쉬운 사람과 얼음 모드에 들어가기 쉬운 사람이 있으며, 같은 사람이라 해도 그날의 컨디션이나 상황에 따라 어느 쪽에 들어가느냐가 달라집니다. '바쁠 때는 불꽃 모드가 되어 활동적으로 바뀌지만, 공격당하거나 협박을 당할 때는 얼음 모드로 진입해 몸과 마음을 움직일 수 없게 된다'와 같이 스트레스의 원인에 따라 들어가기 쉬운 모드가 달라지는 경우도 있습니다.

그와 함께 불꽃 모드에 있는지 얼음 모드에 있는지에 따라 심신에 긴장을 풀어주는 과정도 달라집니다. 예를 들어 불꽃 모드일 때는 '깊고 느리게 호흡한다', '조용한 곡을 들으며 마음을 진정시킨다', '따뜻한 욕조에 몸을 담근다' 같은 '슬로우 다운 계열'의 행동이 효과적이지만, 얼음 모드일 때는 다른 방법을 택할 필요가 있습니다.

'쉬는 방법'을
잘못 알고 있던 나

제 경우를 예시로 이야기해 보겠습니다. 저는 스트레스를 받으면 '잠이 오지 않는다', '자다가 중간에 깬다' 같은 반응이 나오는 경향이 있어 불꽃 모드에 들어가기 쉽습니다. 예전에는 피로나 스트레스가 쌓였을 때 일을 빨리 마치고 밤에 〈스플래툰〉이라는 게임을 자주 했습니다. '내가 좋아하는 일을 하면서 피로나 스트레스를 해소한다'고 생각한 것입니다.

그러나 〈스플래툰〉은 서로에게 격렬히 총을 쏘는 게임입니다. 매우 즐겁고 흥분되었지만, 명백하게 교감신경을 자극합니다. 그래서 게임을 하고 나면 기분은 상쾌해지지만 잠들기가 더 힘들어지거나 수면의 질이 떨어지는 경우가 있었습니다. 피로나 스트레스가 쌓여 가뜩이나 교감신경이 우위에 있는데 교감신경을 더욱 자극하는 게임을 했으니 피로가 풀릴 리가 없었습니다.

그 사실을 알고 난 후부터 〈스플래툰〉은 아침에 하고, 밤에 교감신경이 너무 우위에 있을 때는 심신을 가라앉혀 주는 일을 하려고 합니다. 반대로 배측 미주신경이 우위가 되어 얼음 모드에 들어가기 쉬운 사람의 경우 앞으로 설명할 신경을 조절하는 운동 등이 효과적일 것입니다.

몸과 마음의 상태를 통해
자신이 어떤 모드에 있는지를 확인한다
―

복측 미주신경이 우위인 상태로 진입해 진정으로 휴식을 취하기 위해서는 자신의 상태를 확인해야 합니다.

- 스트레스를 받았을 때 자신은 불꽃 모드에 들어가기 쉬운가, 얼음 모드에 들어가기 쉬운가
- 지금 자신의 심신이 어떤 모드에 들어가 있는가

나중에 소개할 '코핑(Coping)'이라 불리는 적절한 대처 행동을 취하는 것으로도 심신을 휴식 모드로 전환할 수 있습니다. 여기서 다시 불꽃 모드, 얼음 모드, 휴식 모드의 특징을 정리한 66페이지의 표를 봐주세요. 이 세 가지 모드의 특징을 알고 자신이 어느 모드에 있는지를 항상 파악할 수 있다면, '지금 내게 휴식이 필요하다'는 점과 '진정한 휴식을 취하기 위해서 무엇을 하면 좋은가'를 알 수 있습니다.

12장 | '허무하고' '쓸쓸하고' '희망이 없는' 요즘 시대의 아픔이란

싸워야 하는 상대가
잘 보이지 않는 현대 사회

정신건강의로서 많은 환자를 만나면서 깨달은 것이 있습니다. 제가 계속 언급하고 있듯 '스트레스를 받았을 때 어떤 모드에 들어가는지'는 시대성과도 관련이 있다는 것, 그리고 현대에는 얼음 모드에 들어가기 쉬운 사람이 많다는 것입니다.

얼마 전까지는 불꽃 모드에 빠지기 쉬운 시대였습니다. 투쟁이나 경쟁은 교감신경을 우위로 두며, 그처럼 불꽃 모드에 들어가기 쉬운 시대엔 알기 쉬운 '적'이 존재하고 투쟁(혹은 도주)해야 할 대상이 명확했다고 이야기할 수 있습니다.

예를 들어 1960년대에는 학생 운동이 활발해서 전공투[*] 세

---

[*] 전국 학생 공동투쟁회의 줄임말. 학생운동 조직.

대가 중심이 되어 일본 정부나 대학을 상대로 투쟁해 변혁을 촉구하는 사회적 움직임이 있었습니다. 사회에 개선해야 할 '문제'가 많고, '이걸 바꾸면 세상이 더 좋아질 거야'라고 생각하는 분위기였습니다. 그래서 무언가를 바꾸려는 움직임에 동참하면서 보람이나 의의를 느꼈으며, 그러한 노력으로 사회가 좋아지고 있다는 것을 실감하기 쉬운 시기였습니다. 1970~80년대의 사람들은 고도의 경제성장과 버블 경기를 맞이하며 가전, 자동차, 집 등 물질적인 풍요로움을 손에 넣는 것과 수험이나 출세 경쟁에서 이기는 것에 필사적이었습니다.

'경쟁에서 이긴다'면 '물질적인 풍요로움을 손에 넣는다'는 인과가 어느 정도 사회적으로 약속되어 있었기에 많은 사람이 그것을 목표로 할 수 있었던 것은 아닐까 생각합니다. 풍요로움을 얻기 위해서, 좋은 사회를 만들기 위해서라는 '목표 지점'이 있고, 사람들은 그곳을 향해 가기 위해 노력하면서 교감신경을 우위에 둔 채 목표를 방해하는 존재와 전력으로 싸울 수 있었던 것입니다.

그러나 고도성장기가 끝나고 거품경제가 붕괴하면서 노력하면 물질적 풍요를 얻을 수 있다는 믿음도 깨지게 되었습니다. 게다가 물질적 풍요만으로는 모든 것을 뜻대로 이룰 수 없다는 것도 서서히 밝혀졌습니다. '생활에는 어려움이 없지만 무언가 부족하다는 느낌이 든다'는 생각이 현대의 주된 정서가 되고 있습니다. 그러면서 노력해서 싸우거나 남을 밀어내면서까지 무리하게 물질적인 풍요를 추구하는 것을 점차 기피하게 되었습니다. 투자한 노력에 비해 얻을 수 있는 보상(풍요로움)이 충분하지 않다고 느껴진 것입니다.

결국 사회적으로도 개인적으로도 무엇을 목표로 삼아야 하는지 보이지 않게 되었습니다. 그러면서 출세에 흥미가 없는 사람, 인생의 목적이나 우선순위를 잃어버린 사람이 늘어난 것은 자연스러운 흐름이라고 생각합니다.

- 무엇을 위해 살고 있는지 모르겠다.
- 사회도 내 미래도 희망이 없다.
- 타인의 요구에 휩쓸리는 기분이지만, 딱히 반항할 생각이 들지 않는다.

'목표로 삼을 만한 것이 없다', '싸우는 것은 의미가 없다(싸워도 소용없다)'라는 사회 전체의 변화가 조용히 포기하고, 무기력해지고, 은둔을 선택하는 개인 수준의 스트레스 반응 변화에 깊이 관여하고 있는 것일지도 모르겠습니다. 연출자인 다케우치 도시하루는 저서 『생각하는 '몸'』에서 이렇게 이야기했습니다. "1990년대가 되자 아이들 사이에서 '열받는다'를 바짝 뒤쫓아 '허무하다'라는 말이 퍼지고 있는 듯하다."

어느 세상에서나 시대적 감수성이 가장 높은 건 젊은 세대입니다. '열받는다'에서 '허무하다'로 생각이 변한다는 것은 사회학적으로 매우 중요한 지점이라고 분석할 수 있습니다. '심신 사회 연구소' 대표 쓰다 마사히토 씨는 1980~90년대 무렵부터 스트레스 반응이 '교감 주체'에서 '배측 주체'로 전환되고 있다고 지적해 왔습니다. 저 역시도 환자를 만나거나 연구를 통해 체감하는 부분입니다. 사회의 다양한 측면에서 '배측화'의 징후가 보이는 것 같습니다.

오자키 유타카를 잘 모르는 레이와 세대

쇼와 세대*와 레이와 세대**의 스트레스 반응 대비는 문학이나 음악에서도 잘 나타납니다. 자주 인용되는 것이 가수 체커즈(THE CHECKERS)의 〈들쭉날쭉 하트의 자장가〉와 그 곡을 오마주한 가사가 포함된 아도(Ado)의 〈시끄러워〉입니다.

---

* 종전 다음 해에 태어난 1947년(쇼와 22년)부터 1949년(쇼와 24년)에 태어난 세대
** 연호가 헤이세이에서 레이와로 바뀐 2019년 5월 1일 이후 출생한 세대

'어렸을 때부터 악동이어서 15살에 불량아라고 불렸어
나이프처럼 뽀족해서 닿는 모든 것에 상처를 냈어'
― 〈들쭉날쭉 하트의 자장가〉

'어렸을 때부터 우등생 정신 차렸더니 어른이 되어있었어
나이프 같은 사고 회로를 가지고 있을 이유도 없어
그렇지만 즐기기엔 부족해 뭔가 부족해'
― 〈시끄러워〉

〈들쭉날쭉 하트의 자장가〉의 주인공은 '나이프'를 들고 있지만, 〈시끄러워〉의 주인공에겐 '나이프'가 없습니다. 스트레스를 받았을 때 교감신경의 유형에 속하는 공격적이고 직접적인 반항을 하는 것이 아니라 겉으로는 우등생이 되는 일을 추구하고 있는 것입니다. '하지만 뭔가 부족해'라는 허무감에 잠겨있고, 불만은 있지만 그것이 무엇 때문인지 몰라서 '곤란해하고 있는' 것은 아닐까요?

1970~80년대는 학교 폭력이나 비행, 폭주족과 같은 '불꽃 모드'로 스트레스를 방어하는 시대였다고 생각합니다. 이때 활동한 오자키 유타카라는 싱어송라이터가 있었습니다. 그가 쓴 곡은 대체로 어른이나 사회를 향한 초조함이나 지배에 대한 저항을 테마로 했지만, 〈I LOVE YOU〉 등 사랑이나 꿈을 가지고

똑바로 살고 싶다는 순수한 소망과 어려움을 노래한 곡도 많아
10대를 중심으로 큰 공감을 얻었습니다.

'훔친 오토바이로 달리기 시작해'
―〈15살의 밤〉

'품행이 바르고 성실한 것 따윈 엿이나 먹으라고 생각했어
밤에 학교 유리창을 부수고 돌아다녔어'
―〈졸업〉

저도 가끔 노래방에서 부르는 곡인데, 이렇게 직접적인 반항을 노래한 가사는 요즘 젊은 세대에게는 와닿지 않는 것 같습니다. 마치 '왜 그렇게까지 하는데?'라는 느낌인 듯합니다.

시대가 변하면서 갈 곳 없는 에너지를 발산하려는 비행, 폭력, 공격성은 사그라듭니다. 괴롭힘은 점차 음습해지고, 온라인을 중심으로 발생합니다. 직접적으로 부딪치는 마찰이 줄어들면서 대인관계에 더욱 과민해지고 상처 입는 것을 두려워합니다. 싸워도 소용없고, 두렵고, 상처받고 싶지 않기 때문에 반항하지 않고 굳어버리거나 은둔하는 경향이 되어가는 것은 자연스러운 일입니다.

게다가 최근 몇 년 사이 우리는 동일본 대지진이나 원전 사

고, 팬데믹 등 자신들의 힘으로는 어떻게 할 수 없는 불합리한 사건을 겪으며 많은 무력감을 느꼈습니다. 옛날에는 어른이나 사회에 정면으로 부딪치면 무언가가 변할지도 모른다는, 어떤 의미에선 순수함이나 희망이 있었는지도 모릅니다. 그러한 희망이 사라지고 부딪쳐도 소용없다는 '포기'가 만연해지면서 배측 미주신경적인 '얼음 모드'의 반응이 증가하는 것은 아닐까요? '포기', '무력감'이라는 것은 이 시대를 해석하는 중요한 키워드가 되고 있습니다.

'지금, 여기'에 있다는 감각

또 사람과 사람 사이에서 신뢰를 쌓기 어려워지는 것도 얼음 모드에 들어간 사람들을 증가시키는 요인 중 하나일지도 모릅니다. 여러분 중에 상사, 부하, 동료, 혹은 가족, 파트너, 친구 등과 친밀하게 커뮤니케이션하며 상대방에 대해 신뢰감을 가지고 있는 사람은 얼마나 있을까요?

'믿었던 사람에게 배신당하는' 경험은 많든 적든 누구나 한 번쯤 겪는 일이라고 생각하지만, 특히 요즘에는 친밀하게 대한 태도가 '괴롭힘'으로 취급당했다는 이야기나 동료 사이에 주고

받은 LINE 메시지, DM 내용 등이 SNS에 유출되었다는 이야기를 자주 보고 들을 수 있습니다.

SNS 시대 커뮤니케이션의 특징 중 하나로는 '**죄와 벌의 밸런스가 좋지 않다**'는 것입니다. 모두가 태어나면서부터 커뮤니케이션의 달인인 것은 아닙니다. 처음에는 누구나 소통에 서투릅니다. 그래서 조금 공격적인 메일을 보내고 말았다, 심한 행동을 취하고 말았다, 의식하지 못하고 누군가에게 상처 주는 말을 하고 말았다 같은 식의 실패는 누구나 저지를 수 있습니다. (저도 상당한 중2병이었기에 이런 종류의 실패를 마구 저질렀습니다.)

물론 누군가를 불쾌하게 만드는 것이 좋은 일은 아니기에 상대방에게 사과를 하거나 합당하게 반성하는 일은 필요하겠지요. 그러나 SNS 시대에는 그 잘못이 불특정 다수에게 노출됨으로써 전혀 관계없는 사람으로부터 비난받거나 근거 없는 소문이 생겨 단번에 피해가 덮쳐옵니다. 그것은 마음의 HP를 몽땅 빼앗길 정도로 무서운 공격입니다. 한 번의 실패 때문에 사회적으로 매장될 수 있을 정도로, 예상을 아득하게 뛰어넘는 수준의 손상을 입을 위험이 있습니다.

여러 사람이 보는 데서 의사소통에 실패하는 건 치명적일 수 있습니다. 그래서 타인을 마음속 깊이 신뢰하거나 자신의 진심과 인간성을 상대방에게 드러내는 것, 타인에게 파고드는 것은 위험하다고 생각하는 사람이 많아지고 있습니다. 즉, 이처럼 타인에 대한 만성적인 불신이 퍼지는 것은 당연한 흐름인 것 같습니다.

이미 커뮤니케이션은 급속도로 고도화되었습니다. 타인과의 교류 자체에 불안을 느끼고 소극적인 태도를 취하거나 스트레스를 받는 사람도 점점 늘어나고 있습니다.

게다가 코로나19로 인해 사회적 거리 두기가 중시되면서 타인과 어울릴 기회가 줄고 재택근무가 늘어난 것도 영향을 주었습니다. 실제로 온라인에만 한정된 커뮤니케이션으로는 만족감을 느끼기 어렵다는 보도도 있습니다. 사람과 사람 사이를 멀어지게 해서 신뢰 관계를 쌓기 어려운 경향이 점차 심화되고 있는 것입니다.

눈앞의 인간관계를 회피하는
젊은 세대가 늘고 있다

정신건강의로서 다양한 환자와 이야기하면서 느끼는 것은 특히 젊은 세대 사이에서 현실의 인간관계를 회피하는 사람이 늘어나고 있다는 점입니다. 많은 사람들이 친근하게 타인의 이야기를 듣거나, 자신의 이야기를 들려주면서 '나도 알아'라고 서로 깊이 공감하는 커뮤니케이션에 거부감이나 어려움을 느낍니다. 예를 들어 '결혼'처럼 상대와 오래, 깊은 관계를 맺는 것을 가능하면 피하고 싶어 합니다.

누군가에게 부탁할 바에야 스스로 해결하는 것이 낫다거나, 가능하면 타인에게 빚을 지고 싶지 않다는 것이지요. 정신건강의학과를 방문하는 환자 중에는 이러한 '회피적인' 커뮤니케이션 스타일을 가진 분이 많습니다.

상처받거나 힘든 일이 있어도 누군가에게 상담할 수 없다, 그 사이에 자신이 피로운지 아닌지도 잘 모르게 된다, 설사나 편두통 등 알 수 없는 이유로 컨디션이 불량해진다, 움직이기가 어렵다는 등의 스트레스를 호소하는 사람이 확실하게 늘어나고 있습니다.

미국의 정신건강의 아미르 레빈은 이러한 '회피적인' 커뮤니케이션 스타일을 취하는 사람이 약 25퍼센트라고 보고했습니다. 일본의 경우 상세한 데이터는 없지만, 개인적인 소견으로는 아마 25퍼센트보다 많은 데다 지금도 증가하고 있지 않을까 생각합니다.

'회피적인' 사람은 아래와 같은 고충을 겪는 경우가 많습니다.

- 세상은 사랑이나 인연이 위대하다고 강조하지만, 나에게는 와 닿지 않고 그런 말을 들으면 어딘가 냉담해진다
- 다른 사람에게 호의를 받으면 왠지 기분이 나쁘며, 차라리 아이

돌이나 2차원 캐릭터를 좋아하는 편이 훨씬 마음 편하다
- 타인과 친밀한 관계를 쌓는 것이 무조건 훌륭하다는 생각이 들지 않고 연애나 결혼에 전념하는 게 부담스럽다
- 파트너에게 '애정'이 없는 것은 아니지만, 상대의 마음이 '무겁다'고 느껴지고 나는 그 정도로 마음을 돌려줄 수 없을 것 같다
- 타인과의 관계에서 중압감을 견디기 힘들 때면 '인간관계를 초기화하고 싶다'는 충동에 빠진다

   타인에게 의지하거나 깊은 관계를 쌓는 일에 부정적이기 때문에 '나는 인간으로서 어딘가 결함이 있는 게 아닐까?' 하는 의심을 가지는 사람도 적지 않습니다. 이런 사람들에게 자세한 이야기를 들어보면 대인관계, 특히 부모, 자식이나 파트너 같은 친밀한 관계에서 상처받은 적이 있는 경우가 아주 많습니다. 이러한 경험이 쌓이게 되면 다른 사람의 일을 기본적으로 위협으로 받아들이기 때문에 가능한 한 사람들과 거리를 조절하려는 것입니다. 즉 '방어적으로' 다양한 인간관계를 회피하게 됩니다.
   그리고 이 '회피성'은 배측 미주신경에 의한 방어 반응과 깊은 관련이 있습니다. 친밀한 정서적 교류를 경험하기 어려운 양육 환경에서는 복측 미주신경계의 기능이 잘 발달하기 어려우며, 배측 미주신경계에 의한 '은둔형 외톨이 반응'이 편향되

어 발달하기 쉬운 것입니다. 이러한 사람은 기질적으로 무력감을 느끼기 쉽고, 감정 표현이 적어서 '로우 텐션'이 되는 일이 잦으며, 우울증 등으로 고통받기 쉽습니다. 자연스럽게 사회나 인간관계에서 안심하거나 안전하다고 느끼지 못하고 대인관계에 비관적, 회피적인 성향이 될 수밖에 없습니다.

또 타인이나 사회, 그리고 자신에 대해서도 집착하지 않아서 이상할 정도로 '체념이 빠른 편'입니다. 주변에 기대하지 않기 때문에 휘둘리지도 않습니다. 대신에 미래에 대한 희망도 가지기 어렵습니다. 이러한 태도는 신경학적 배경을 바탕으로 얼음 모드에 돌입했을 때 나타나는 하나의 방어기제라 봐야 마땅하지 않을까요. 그러한 얼음 모드의 유행이 요즘 시대를 상징하는 '아픔'이 된 것은 아닐까요.

13장   기합의 문제가 아니라 '신경학적 방어 반응'이다

생각대로 움직이지 못하는 것은 기합의 문제가 아니다

'회사에 가야 한다'는 마음은 있지만, 막상 집을 나갈 시간에 가까워지면 몸이 무거워지고 의식이 흐려지거나 눈꺼풀이 무거워지는 일은 없나요? '우울'이라는 수준까지 가지 않아도 왠지 모르게 '시동이 걸리기까지 오래 걸린다'고 느끼는 경우는 없었나요?

과로하지도 않고 식사도 충분히 잘 챙기고 있는데 어쩐지 멍하고 '지금 여기'에 있는 느낌이 들지 않거나, 감정이 생생하게 느껴지지 않거나, 동기부여가 잘 되지 않는 상태는 자율신경이 제대로 기능하지 않았기 때문일 수 있습니다. 교감신경이 활성화되어야 할 때 배측 미주신경계가 우위를 차지하여 얼음 모드에 들어간 것입니다.

단순한 밤샘이나 단기간의 과로 등에 의해 일시적으로 일어난 일이라면 아직 괜찮지만, 생활 속에 있는 스트레스 요인이나 위협에 대한 방어 반응으로 얼음 모드에 돌입했을 가능성이 있습니다. 예를 들어 사회에서 인간관계를 쌓기가 너무 고통스러워서 이 이상 관련되는 것을 몸이 '위협'이라고 받아들이는 경우가 있습니다. 그래서 머리로는 '가야 한다'고 생각하지만 몸에서는 'NO' 사인을 보내는 것입니다.

제 클리닉에 온 어느 학생은 매일 아침 일어났을 때 몸이 나른하고, 혈압이 오르지 않아 기력도 없고, 머리가 무겁고 멍한 상태가 한동안 계속되었습니다. 이러한 증상은 '기립성 조절장애'라는 질병에서 흔히 볼 수 있습니다. 사춘기 아이들에게 주로 나타나며, 등교를 거부하는 학생의 약 40퍼센트에게 동반된다고 알려져 있습니다.

이 병의 환자들에겐 기상 때나 자리에서 일어날 때 뇌의 혈류 저하로 인해 비틀거림이나 어지러움, 나른함, 현기증 등의 증상이 나타납니다. 이러한 증상들은 자율신경에 혼란이 일어나면서 발생합니다. 자율신경이 정상적으로 작동할 때는 이른 아침에 교감신경 활동이 늘어나 몸을 활성화하고, 밤에는 부교감신경이 주로 활동하며 몸을 쉬게 하는 24시간 주기의 리듬이 유지됩니다. 그러나 기립성 조절 장애가 있는 경우에는 교감신경이 오전보다 몇 시간이나 뒤에 활성화됩니다. 그래서 저녁 이후에 갑자기 컨디션이 좋아지거나, 밤이 되어도 교감신경이 우위에 있어 잠들지 못하고 밤새도록 노는 경우가 발생합니다.

이러한 자율신경 리듬의 장애는 대인관계에서 얻은 상처를 비롯한 스트레스와 관련 있는 경우가 아주 많습니다. 기립성 조절 장애는 전형적인 '심신증', 즉 스트레스로 인한 신체적 질환 중 하나입니다. 학교에서 있을 곳이 없거나 부 활동 혹은 학업 고민, 대인관계에서 겪은 갈등 같은 것이 배경이 되는 경우가 아주 많고, 이 같은 고민이 해결되면 증상이 완전히 좋아지기도 합니다. 그리고 더 이상 상처받지 않기 위해 방어한 결과 얼음 모드에 돌입하는 경우도 있습니다. 이는 본인이 '학교에 가고 싶다'라는 마음을 정말로 가지고 있었다고 해도 일어날 수 있는 반응입니다.

학교에 가고 싶은 마음이 없는 것은 아닙니다. 하지만 그 마음과는 반대로 몸이 '위험'하다고 감지하고 브레이크를 걸 정도의 '두려움'이 있는 것인지도 모릅니다. 이러한 관점을 가져야 하는데, 부모는 그 사실을 모르고 '태도가 야무지지 못하다', '기합이 부족하다'라고 여겨 아이를 혼내고 있었습니다. 배측 미주신경계가 우위인 상태에서는 전체적으로 축 처지고 힘이 없어서 아무리 생각해도 '의욕이 없고', '땡땡이를 치는' 것처럼 보입니다. 게다가 저녁이 되면 상태가 나아지기 때문에 더 게으름을 부리는 것처럼 보일 수밖에 없을 것입니다.

아이의 입장에선 그렇지 않아도 배측 미주신경계의 방어 상태에 빠져있는데, 부모에게 심하게 혼이 나니 점점 배측으로 들어가 버려서 더 이상 이야기를 들을 수 없는 상황이 됩니다. 그것이 '혼을 내도 전혀 말을 듣지 않고 반응이 없는' 것처럼 보여서 관계를 더 악화시킵니다. 이런 관계에서 스트레스를 받으면 대인관계에서 더욱 방어적인 태도를 취하고 배측 미주신경계의 반응이 강하게 나타나 축 늘어지고 맙니다. 그 결과 이러한 악순환이 생기는 것입니다.

본인이 원해서 나타나는 것도 아닌 '증상'을 '땡땡이', '게으름'이라고 하면 정말로 '난 그냥 게으른 것이 아닐까'하는 생각이 들어서 점점 자기 평가가 낮아지고 의욕도 활력도 줄어들 수밖에 없습니다. 이와 같은 악순환이 전 세계에서 몇십만, 몇백만 단위로 일어나고 있는 것은 아닐까 생각합니다.

이 이야기를 등교하지 않는 학생의 비율이 높은 통신제* 학

---

* 낮에 일하는 사람들을 위하여 통신 교육으로 학점을 얻게 한 교육 제도

교의 온라인 강연에서 했더니 "나도 그랬던 것 같아요!", "내 이야기예요!"라며 매우 많은 학생들이 반응해 주었습니다.

증상 뒤에 심각한 스트레스가 숨겨져 있다면 그것은 이미 기합이나 근성으로 해결할 수 있는 단순한 문제가 아닙니다. 이는 위기에 대해 신경학적인 방어 반응이 일어나는 것입니다. 그 반응이 나타난 덕분에 '스트레스 대상에게서 벗어날 수 있다'는 경로가 펼쳐지는 긍정적인 측면이 있다는 것을 잊어서는 안 됩니다. 그 방어 반응은 이 이상 위험한 장소에 가고 싶지 않다는 '몸의 호소'인 것입니다.

'저항하지 않는 것'은 합리적인 전략이다

'열심히 해도 소용없다', '저항해도 소용없다'는 것을 학습하면 사람은 스트레스에 대항하지 않게 됩니다. 어떤 행동을 해도 결과가 따르지 않는 것을 몇 번씩 경험한 뒤 머지않아 '무엇을 해도 무의미하다'고 생각해 행동하지 않게 되는 현상을 '학습성 무력감'이라고 합니다. 회피할 수 없는 스트레스에 계속 노출되어 나타나는 '얼음 모드'는 이 학습성 무력감을 신체적, 정신적인 측면에서 설명한 것입니다.

괴롭힘이나 갑질을 당한 피해자에게 사정을 모르는 제삼자가 '왜 저항하지 않았냐'라고 말하는 것을 자주 듣습니다. 설사 피해자가 저항하려고 했더라도 더 강한 반격이나 위협으로 인해 그 시도는 무력화됩니다. 도망치려고 해도 그 일로 불이익을 당하거나 누군가에게 피해를 줄지도 모른다는 생각 때문에 그 길을 선택할 수 없습니다.

그렇게 되면 사람은 '무엇을 해도 이 고통에서 벗어날 수 없다'는 것을 학습합니다. 더는 교감신경을 사용할 수 없는 상태가 됩니다. 배측계를 최대한 가동해서 분노나 굴욕, 수치심을 마비시키고 '되는 대로' 상황을 넘기는 것이 최고의 생존 전략이 되고 마는 것입니다. 실제로 자신의 생사여탈을 누군가가 쥐고 있고, 그 사람의 기분에 따라 자신의 존재가 좌우되는 환경에서 살아남기 위한 최적의 전략은 '포로'가 되는 선택입니다. 이러한 '무저항'을 전략으로 취하게 된 배경에는 폭력적·지배적인 친족과 지낸 경험이 있는 경우가 드물지 않습니다.

당사자 또한 저항하지 않았던 것을 부끄러워하는 경우가 많지만, 그 부끄러움을 가중하는 것은 사정을 모르는 제삼자가 '왜 저항하지 않았냐', '도망쳤으면 됐잖아'라는 식으로 말하는 것입니다. 이러한 의견은 당사자에게 수치심이나 무력감을 주어 더 고통스럽게 하는 것밖에 되지 않습니다.

저항하지 말 것, 도망치지 않을 것. 이는 죽음의 위협에 처한 동물이 '죽은 척'을 하는 것과 마찬가지입니다. 괴롭힘이나 갑질이라는 사회적인 '죽음의 위협'에 처했을 때 동물로서 보이는 자연스럽고 합리적인 반응이라는 것을 이해해야 합니다.

성실하고 책임감이 강한 사람일수록 자신을 몰아세운다

성실하고 책임감이 강한 사람, 혹은 자기 평가가 낮거나 평소에 자신의 역할을 다하고 남에게 도움이 되는 것에서 살아가는 의미를 찾는 사람일수록 이러한 고민이나 괴로움을 안고 있는 경우가 많습니다. '원하는 일을 하고 싶다', '요구받은 역할을 다하고 싶다'라는 생각은 있지만, 아무리 해도 몸이 움직이지 않습니다. 어쩔 수 없이 일을 그만두거나 휴직하는데도 전혀 회복할 조짐이 보이지 않습니다. '식사를 제대로 하는 편이 좋다', '몸을 움직이는 것이 좋다'는 말을 들어도 도저히 움직일 수 없습니다.

그런 상태가 계속되면 머지않아 '아무것도 만들어내지 못하고, 누구에게도 도움이 되지 않는 내게 무슨 가치가 있는 걸까', '이런 나를 누가 믿고 필요로 하겠어', '나 같은 건 사라져 버리는 게 좋지 않을까'라고 생각하게 됩니다. 뜻대로 움직이지 못하면 화가 나서 '단순히 응석이나 부리면서 땡땡이치고 있는 것은 아닌가' 하고 자책하며 점점 자신을 몰아붙이는 것입니다.

여기서, 제가 제안하고 싶은 것은 '배측계 상태에 들어가는 것의 필요성을 이해하고 그 상태를 적극적으로 긍정하는 것'입니다.

얼음 모드는 나쁜 것이 아닙니다. 위기를 넘기고 자신의 몸을 지켜서 에너지를 절약하고 회복하기 위해 필요한 과정입니다. 얼음 모드에 있는 자신을 부정하고 어떻게든 움직이려고 저항하다 보면 언제까지고 몸의 요구가 충족되지 않아 오히려 사태가 길어집니다.

그러므로 만약 지금, 여러분이 어떠한 원인으로 인해 얼음 모드에 들어가 있고 생각처럼 움직일 수 없는 상태라고 해도 부디 자기 자신을 질책하지 마세요.

'틀어박히고 싶다', '셧다운이 필요하다'는 신체적인 욕구가 생겼을 때는 오히려 그것을 적극적으로 따름으로써 서서히 활동성을 회복하고 건전한 '흔들림'도 쉽게 되찾을 수 있을 것입니다. '배측계의 반응을 무시하지 말고 적극적으로 수용하기'는 '휴식을 취한다'라는 기술을 습득하는 데 핵심적이라고 해도 좋을 만큼 중요한 태도입니다. 이 심리요법은 '전사의 휴식(Warrior's Rest)'이라는 이름으로 알려졌으며 그 중요성이 점점 더 강조되고 있습니다.

다양한 것을 끌어안고 항상 무언가와 싸우고 있는 사람, 책임감이 강해 맡은 역할을 내려놓을 수 없는 사람일수록 '힘이 들어가지 않는다', '머리가 돌아가지 않는다', '움직일 수 없다'와 같은 상태를 부정적으로 받아들이는 경향이 있습니다. 평소에 아무리 활발하고 사교적인 사람이라 해도 다양한 것을 신경 쓰면서 다른 사람과 필요 이상으로 교류하면 사교력을 다 써버리는 시점이 있습니다. 그럴 때 '더는 사람과 이야기하고 싶지 않아', '어딘가에 틀어박히고 싶어'라고 생각하는 것은 자연스러운 일입니다. 이러한 상태를 **'커뮤니케이션 오버'**라고 부릅니다.

이럴 때는 무리해서 움직이려고 하지 않는 것이 좋습니다. 방에 틀어박혀서 머리를 감싸고 조개처럼 웅크려 셧다운하는 것이 최적의 해결책입니다. 하루 종일 휴식을 취하지 못하더라도 괜찮습니다. 단 5분, 10분이라도 좋으니 가급적 사람이 오지 않는 곳에 누워 거북이처럼 둥글게 몸을 말거나, 쭈그려 앉아서 우울해하는 일을 적극적으로 해보는 것입니다.

얼음 모드에 들어가 있을 때는 몸이 원하는 일에 스스로를 맡겨 보세요. 분명 몸 안에서 무언가 달라지는 걸 느낄 수 있을 것입니다.

다미주신경
이론에 관한 보충

이제까지 다미주신경 이론을 참고하면서 '새로운' 스트레스 반응과 그 시대성 등에 대해 이야기했습니다. 그러나 다미주신경 이론은 모든 스트레스 반응을 설명할 수 있는 '만능 이론'이 아닙니다. 어디까지나 뇌와 몸을 이어주는 '매개'로서 자율신경이 어떤 작용을 하는지 설명해 주는 것이며, 지금까지 해명할 수 없었던 여러 사건을 잘 설명해 주는 '유력한 가설'이라 할 수 있습니다.

그리고 중요한 뇌 기능과의 관련성 또한 이론상으로 지적된 부분이 적고, 지금까지 잘 알려지지 않은 부분도 많습니다(애초에 뇌신경과학 분야 자체에 해결되지 않은 것이 많아 현재까지도 연구가 진행 중이며, 계속 새롭게 발견되는 내용이 있습니다).

일본에서 다미주신경 이론은 심리 임상의 세계, 특히 트라우마나 해리를 다룬 비교적 새로운 치료법의 이론적 배경이 되는 경우가 많습니다. 그것들을 다루는 임상가들 사이에서는 지지를 받고 있지만, 의학 분야에서는 아직 그 정도로 깊게 다루고 있지 않습니다.

그렇지만 이 이론은 지금까지와는 다른 획기적인 시사점을 제공하는 독특함을 가지고 있으며, 특히 교감신경계의 스트레스 반응과는 계통이 다른 '배측계가 깊이 관여하는 스트레스 반응'이 있다는 것을 알게 해 주었습니다. 그 이론을 바탕으로 스트레스 반응을 다시 인식함으로써 자신의 상태를 파악하고 대처하는 방식이 달라져 큰 혜택을 받는 사람들이 많다는 것도 결코 무시할 수 없습니다.

앞으로도 다양한 논의가 이루어질 테지만, 이 흐름을 주의 깊게 지켜보면서 신중하게 다룰 필요가 있습니다. 또 이 책에서는 지면에 한계가 있어서 도입 부분의 해설밖에 하지 못했지만, 관심이 생겼다면 포지스의 저서인 『다미주 이론』(노경선 역, 위즈덤하우스, 2020)이나 쓰다 마사토 씨의 『다미주신경 이론으로의 초대』 등에 더 자세하고 흥미로운 내용이 쓰여 있으니 꼭 읽어 보시기를 바랍니다.

몸과 마음을 회복한다
RESTORE THE MIND AND BODY

4부

내 몸이 필요로 하는 것을 알고 적절한 회복 행동을 취하자

| 14장 | 내 몸에 맞는
휴식 방법을 찾자 |

안전함이나 안도감의 감각을
되찾는 재료를 모으는 '코핑'

　여기서부터는 '올바른 휴양 행동을 취하는' 구체적인 방법을 생각해 보려고 합니다.
　자신을 도와 회복으로 이끌기 위한 행동을 '코핑'이라고 합니다. 앞에서 이야기한 '일상의 골칫거리'를 제창한 스트레스 연구자 리처드 래저러스가 알린 정신건강 용어로, 스트레스에 대응하기 위해 의도적으로 '자신을 돕는' 행동을 말합니다.
　자신의 현재 상태에 맞춘 코핑을 시도해 봅시다. 우선 자신이 지금 세 가지 모드 중 어디에 있는지를 깨닫는 것이 필요합니다. 어쩐지 가슴이 술렁이고 진정되지 않는다, 감각이 예민해진다, 왠지 긴장된다, 그럴 때는 '업 계열(교감신경 우위)' 상태에 있다고 할 수 있습니다. 반대로 멍해서 눈을 뜨기 어렵거나 등이 구부정한 상태라면 '다운 계열(배측계)'에 있다고 할 수 있습니다. 두 모드와는 달리 '복측 미주신경계'가 작동하고 있으면 어떨까요? 흉곽이 열려있어서 숨쉬기가 쉬워지고 가슴 주변이 개운해서 느긋하고 침착해질 것입니다.

그리고 교감신경이나 배측 미주신경계 중 한 지점에 들어가서 벗어날 수 없는 상태(불꽃 모드나 얼음 모드)라면 행동 방침은 크게 두 가지로 나뉩니다.

- '반대 방향'으로 들어가기 위한 행동(코핑)
- '복측 미주신경계'에 들어가기 위한 행동(코핑)

이 두 가지 접근법을 동시에 실행하는 경우도 자주 있습니다. 순서대로 설명해 보겠습니다.

'반대 방향'으로의 접근법

우선 '반대 방향'으로 들어가기 위한 행동에 대해 설명하겠습니다. 업 상태일 때는 '진정시키는 듯한' 다운 방향의 코핑을,

다운 상태일 때는 '흥분시키는 듯한' 업 방향의 코핑을 취하는 것이 기본 방침입니다.

불꽃 모드에서 벗어나는 방법으로는 다음과 같은 행동을 생각할 수 있습니다.

- 느린 호흡을 한다
- 라벤더 등 진정 효과가 있는 아로마를 이용한다
- 허브티나 한방차 등을 마신다
- 조용한 곡을 들으며 마음을 진정시킨다
- 따뜻한 욕조에 몸을 담근다
- 방을 어둡게 한다

전부 '슬로우 다운계'의 정석다운 코핑이군요. 이제까지 교감신경이 우위인 상태에서 부교감신경이 우위인 상태로 만들기에 효과적이라고 여겨졌던 행동들은 기본적으로 불꽃 모드에서 벗어나는 데도 효과적이라고 할 수 있습니다.

또 업 계열을 다운 방향으로 전환하는 것은 비교적 의학의 특기를 살릴 수 있는 분야입니다. '불안을 억제하는 약'이나 '혈압을 억제하는 약'을 사용해 교감신경을 억제할 수도 있습니다.

한편 '얼음 모드'에서 벗어나는 방법은 아래와 같습니다.

- 빠른 호흡을 한다
- 레몬그라스 등 각성 효과가 있는 아로마 오일을 이용한다
- 운동이나 체조로 몸을 움직여 심박수를 높인다
- 사우나나 찬물 목욕 등으로 체온에 변화를 준다
- 즐거운 게임을 하거나 음악을 듣는다
- 햇볕을 쬔다

이러한 것들은 활동적인 코핑입니다. 피로가 쌓여있어서 '얼음 모드에 들어가려는' 사람이라면 아직 체력이 있기 때문에 교감신경을 자극하는 접근법도 효과가 있습니다. 그러나 이러한 코핑은 위에서 보았듯 활동적이기 때문에 어느 정도 체력을 소비합니다. 에너지가 고갈되어 '셧다운 상태'에 들어가 버린 사람에게는 힘든 일일지도 모릅니다. 그렇다는 건 '다운 모드'에도 단계가 있다는 뜻입니다.

'동결'과 '셧다운'

스트레스를 지속적으로 받으면 교감신경뿐만 아니라 배측 미주신경계가 작용합니다. 이 교감신경계와 배측 미주신경계가 모두 작용하는 상태를 '동결 상태'라고 합니다. 긴장한 동시에

늘어져 있기도(이완) 한 상태입니다. 아직 일은 할 수 있지만, 점점 머리가 잘 돌아가지 않게 되어 멍해지는 일이 많아져서 업무 효율이 떨어집니다. 이 단계에서 코핑을 하면 회복에도 오랜 시간이 걸리지 않을 것입니다.

교감신경이란 말하자면 엔진의 회전수를 높여서 스트레스에 대처하려는 상태이기 때문에 에너지를 많이 소비합니다. 에너지가 고갈되면 더 이상 교감신경을 사용할 수 없게 됩니다. 배측 미주신경계만 일하는 상태가 되면 긴장감은 사라지고 그냥 '축 늘어진' 모양으로 몸이 이완됩니다. 이것이 '셧다운'입니다. 셀리에가 말한 '탈진기'이며, 이렇게 되면 웬만해서는 빠져나갈 수 없습니다.

대인관계의 스트레스나 부상, 피로가 반복해서 쌓이면 방어를 위해 배측 미주신경이 우위인 상태가 계속됩니다. '도저히 움직일 수가 없다', '의욕이 생기지 않는다'라고 말하는 사람은 이미 '셧다운' 상태에 들어가 있으며, 얼음 모드에서 벗어나지 못한 채 안도감도 잃어버렸을 가능성이 큽니다. 이런 경우에는 배측계의 활동성을 떨어트리는 것뿐 아니라 복측 미주신경계가 작용하게 하는 접근법이 필요합니다.

15장   신체적인 안정감을 느끼려면 '복측 미주신경' 작용이 필요하다

복측계를 향한 접근법

복측 미주신경 기능의 진수는 '지휘자'의 역할에 있습니다. 지휘자가 이끌면 연주의 리듬이나 각 파트의 밸런스가 유지되는 것처럼, 복측계가 기능하기만 한다면 환경 변화에 따라 교감신경계와 배측계가 자연스럽게 전환되어 교감신경계에만 들어간 상태(불꽃 모드)나 배측계에만 들어가 있는 상태(얼음 모드)에 빠지지 않습니다. 필요에 따라 교감신경계나 배측계를 적절히 구분해 사용하고, 건전한 흔들림으로 균형 잡힌 상태가 됩니다.

즉, 흔히 말하는 '자율신경 실조증'이란 복측계가 잘 기능하지 않은 탓에 지휘자가 없는 오케스트라처럼 자율신경의 리듬을 잃어 균형이 깨진 상태를 말합니다. 복측 미주신경은 얼굴이나 목, 기관지, 심장 등에 분포하며 단독으로는 일하지 않고 뇌 신경과 사이좋게 그룹을 이루어 표정, 저작 활동, 삼키기 등을 조절합니다. 그래서 복측계가 기능하지 않을 때는 아래와 같은 일이 일어납니다.

- 청각 피질이 제대로 기능하지 않아서 타인의 목소리를 들으면 긴장감이 높아지고 안심하기 어렵다
- 안면 근육을 움직이기 어렵고 표정이 굳어서 의사소통하기가 어렵다
- 목에 불편함을 느껴서 목소리를 내기 힘들어지거나 숨쉬기 어렵다
- 저작 활동이 줄고 침샘의 기능이 약해져 음식을 삼키기 어렵다

이들 복측계의 신경 그룹이 모두 가동되는 것이 커뮤니케이션을 할 때입니다.

우리는 우호적인 커뮤니케이션을 취하려고 할 때 온화한 표정을 띠고 목소리의 억양이나 얼굴의 각도 등으로 '나는 당신의 편이다'라는 신호를 보냅니다. 상대방에게서 마찬가지로 '같은 편이다'라는 신호를 받을 수 있다면 몸은 '이 사람은 안전하다'고 판단합니다. 그래서 위기 상황일 때 반응하는 교감신경을 억제해 심박수가 떨어집니다.

이 '복측 미주신경에 의한 심장 브레이크'를 통해 몸이 안심하거나 안전하다는 감각을 느낄 수 있습니다. 만약 상대를 '위험한 사람'이라고 느꼈다면 교감신경이 작용하여 심박수가 올라가야 하는데, 그 사람과의 커뮤니케이션을 통해 '심박수가 내려간' 것입니다.

그 신체적인 정보를 이번에는 뇌가 파악하여 중추에 전달합니다. 그렇게 되면 복측 미주신경 그룹의 뇌 신경이 더욱 활성화되어 목소리나 표정이 점점 편안해지는 동시에 '안심할 수 있고 안전하다'라는 것을 깊이 실감할 수 있습니다. 포지스는 커뮤니케이션의 입구인 '얼굴(표정이나 목소리)'과 '심장'이 연결되어 있다는 사실의 중요성을 강조합니다.

복측 미주신경과 그 동료인 뇌 신경(표정이나 청각, 음식을 삼키는 것, 목의 움직임을 관장하는 신경들)은 아직 우리가 아가미로 호흡했을 무렵에 아가미를 공동으로 움직였던 신경 그룹에서 유래했으며 진화론적으로 보면 '오래 전부터 서로 무척 친숙한 사이'라 할 수 있습니다. 그 때문에 그룹 중 한 신경이 자극받으면 복측 미주신경계 시스템 전체가 활성화되는 것입니다.

- 온화한 표정을 짓거나 고개를 갸웃거리는 것
- 잘 씹거나 음식을 삼키는 것
- 음악을 듣거나 노래를 부르는 것

- 대화할 때 억양을 넣는 것

이러한 행동은 모두 복측 미주신경 시스템을 켜고 신체적으로 안정을 느끼기 쉬운 코핑이 될 수 있습니다.

여러분에게는 만나거나 이야기할 때 그다지 긴장되지 않고, 가까이하면 왠지 모르게 침착해지는 사람이 있지 않습니까? 아래와 같은 사람을 예시로 들 수 있겠지요.

- 기운이 없을 때 만나도 또 만나고 싶다는 생각이 드는 사람
- 자신을 꾸미지 않아도 될 만큼(비생산적인 행위를 일절 하지 않아도 되는) 안심이 되는 사람
- 요구하거나 판단하지 않는 사람
- 강한 어조나 감정을 드러내지 않고 태연자약한 사람
- 인간의 어두운 부분을 잘 이해해 주며 포용력이 있는 사람

이러한 사람은 말을 많이 하지 않아도 당신의 이야기를 그냥 듣고, 당신을 있는 그대로 받아들이고 있다는 사인을 주는 사람이 아닐까 생각합니다. 그런 사람과 나누는 커뮤니케이션이 당신의 복측계를 자극하고 있을 것입니다. 또 복측 미주신경계에 한정하지 않고 '미주신경을 자극하는' 행동은 아주 우수한 코핑이며, 다양한 의학적 치료에 응용되고 있습니다.

16장 미주신경을 자극하면 질병도 치료할 수 있다

미주신경 자극이라는 '치료법'

의학 분야에서는 다양한 질병을 치료하기 위해 '미주신경을 자극하는 것'이 효과적이라는 사실이 널리 알려져 있습니다. 목에 전극을 삽입해 전기로 미주신경을 직접 자극함으로써 '간질'을 치료하는 방법이 있는데, 이는 일본에서 보험도 적용되는 치료법입니다.

또 피부에 전기 자극을 주면 난치성 우울증이나 편두통이 개선된다는 것이 판명되어 해외에서는 치료법으로 인가되기도 했습니다. 귓불에 전기 자극을 줘서 심방세동이라는 부정맥을 개선하는 방법도 주목받고 있습니다. 그 외에도 미주신경 자극이 심부전이나 비만 등에 효과가 있는지 알아보는 연구가 적극적으로 진행되고 있습니다.

또 가슴이 두근거릴 때 눈을 천천히 1~2분 정도 가볍게 누르면 심박수가 내려가서 침착해진다는 사실도 잘 알려져 있습니다. 이것은 '눈 심장 반사'라는 요법으로 눈 속 미주신경을 자극해 다운 상태로 만드는 방법입니다(효과가 너무 강하거나 눈을 다칠 수 있으므로 세게 누르는 것은 위험합니다).

지금까지 예시로 든 것은 기본적으로 배측 미주신경을 자극하는 방식이지만, 복측 미주신경계를 자극하는 방법도 있습니다. 가장 유명한 것은 포지스 자신이 개발에도 관여한 'SSP(Safe and Sound Protocol)'라는 음악 프로그램입니다. 특수 가공한 음악을 듣는 것으로 스트레스나 청각 과민을 개선한다는 독특한 내용의 프로그램으로 근거 자료도 점차 늘고 있습니다.

앞에서 이야기한 것처럼 복측 미주신경계가 제대로 기능하지 않으면 사람의 목소리를 잘 듣기 위한 청각 피질 기능이 저하되어 '소리가 과하게 느껴져서 불쾌하다', '여러 소리 중에서 상대방의 목소리를 구분하기 어렵다' 등의 증상이 생깁니다. 이것이 청각 과민이나 타인의 소리를 듣는 것으로 인한 스트레스와 불안의 증가로 이어지는 사례가 있습니다. 그래서 특정 주파수를 차단한 음악을 들려주면 그 음역을 귀가 '더 잘 들으려고' 신경이나 근육을 조절해 피질의 불완전한 조절을 개선합니다. 그 결과 감각 과민이나 그와 관련된 스트레스, 불안이 줄어들고 안도감이 증가하는 것입니다. 청각에서부터 접근해 복측 미주신경을 자극하는 방법입니다.

　SSP처럼 특수하게 처리하지 않아도 음악으로 사람이 힐링을 얻는다는 점에 이의를 제기하는 사람은 없을 거라고 생각합니다. 포지스는 조니 마티스라는 가수를 자주 언급했습니다. 그의 노래는 온화하게 속삭이는 것 같고 운율이 풍부하며 어머니의 자장가처럼 안정적인 느낌이어서 방어 반응의 스위치를 끄는 데 효과적이라고 합니다.

　우리는 억양이 풍부한 고주파 음성을 들으면 신경 레벨에서 안심을 느끼고, 반대로 저주파인 음성을 들으면 맹수 등의 포식 동물을 연상해 위험을 느끼게 됩니다. 이러한 법칙을 참고하여 자신이 편안해질 수 있도록 마음에 드는 '복측 미주신경계 노래'를 모아서 들어보세요. 매우 좋은 코핑이 될 것입니다.

17장 | 긴장감을 완화하는 복측 미주신경 자극 운동

복측 미주 신경계를 활성화하자

여기서는 간단한 운동으로 복측 미주신경계의 활성화를 돕는 방법을 알려 드리려고 합니다.

이것은 세계적인 바디 테라피스트인 스탠리 로젠버그가 자신의 저서나 개인 유튜브 채널에서 소개하는 가장 기본적인 운동으로, 저도 임상에서 자주 활용하고 있습니다. 만성 두통이 있는 분에게도 추천합니다.

우선 머리와 목의 가동 범위와 통증, 뻣뻣한 정도를 확인합시다. 머리를 오른쪽으로 기분 좋게 움직일 수 있는 만큼 돌렸다가 중앙으로 다시 돌아오고, 잠시 쉬었다가 왼쪽으로 다시 돌리고 '좌우로 각각 얼마만큼 돌릴 수 있는가', '통증이 느껴지거나 뻣뻣한 곳은 없는가'를 확인합니다.

또 운동 전에 물을 한 모금 마시고 삼킨 물의 감각을 '어디까지 따라갈 수 있는가'를 확인해 봅시다. 목의 중간까지인가요? 식도 근처까지일까요? 위 부근까지 감각을 느낄 수 있었나요? 그것도 기억해 둡시다. 다음으로 아래 순서를 따라 운동을 계속합시다.

① 양손으로 깍지를 낍니다.

위를 보면서 운동하는 것이 이상적이지만, 의자에 앉거나 서서 해도 상관없습니다.

② 손을 뒤통수에 둡니다.

손가락으로 머리의 무게, 머리뼈의 단단함을 느끼며 뒤통수로 손가락뼈를 느껴봅시다.

어깨가 결려서 뒤통수로 양손을 가져갈 수 없는 경우는 한 손의 손가락과 손바닥을 뒤통수 양쪽에 대기만 하면 됩니다.

③ 머리를 고정한 채 눈만 움직여서 오른쪽을 봅니다.

④ 눈으로만 오른쪽을 계속 보다가 30~60초가 지나면 침을 삼키고 싶어지거나 하품이 나오거나 한숨이 나옵니다.

이는 몸이 편해지기 시작했다는 신호입니다.

또한 일반 호흡과 달리 몸이 편해져서 나오는 한숨의 경우, 숨을 들이마신 후 내쉬기 전에 두 번째 들숨이 이어집니다(보통 호흡의 경우는 숨을 들이마신 후 바로 날숨으로 이어집니다).

⑤ 시선을 중앙으로 되돌려 앞을 봅니다.

⑥ 머리를 고정한 채로 이번에도 눈만 움직여서 왼쪽을 봅니다.

⑦ 침을 삼키고 싶어지거나 하품이 나오거나 한숨이 나올 때까지 왼쪽을 계속 봅니다.

이상이 운동 순서입니다.

①~⑦까지를 실시한 후, 다시 목의 가동 범위와 통증, 뻣뻣한 정도를 확인해 봅시다. 운동을 하기 전과 후에 변화가 있었나요? 또 운동 전후에 물을 마셨을 때 감각을 따라갈 수 있는 정도가 달라졌을까요?

'긴장이 풀려서 부드러워졌다'라거나 '운동 전에는 물의 감각이 식도 부근에서 사라졌는데 운동 후에는 위의 아래쪽까지 느낄 수 있었다'라는 반응이 많습니다. 이는 신경계가 복측 미주신경 모드로 전환된 신호라고 할 수 있습니다.

 이 운동은 시선을 움직임으로써 목의 근육을 가볍게 자극해 복측 미주신경 그룹의 일부인 '부신경'이라는 뇌 신경을 활성화하고, 거기서부터 복측계의 시스템 전체를 움직이게 하는 접근 방법입니다. 여러분도 꼭 시도해 보세요.

18장 | '지금, 여기의 감각으로 돌아가기' 위한 기술

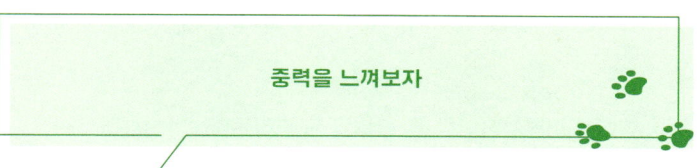

그라운딩 방법

그라운딩이란, 다양한 심리요법에서 이용되는 '지금, 여기의 감각'으로 돌아오기 위한 기술을 말합니다. 말 그대로 '땅에 발이 닿는' 감각을 목표로 하는 것입니다. 안전 감각을 강화하기 위해 트라우마를 치료하는 초기 단계에서도 자주 사용되고 있습니다.

예를 들어, 이런 방법을 자주 사용합니다.

- 앉아있는 의자의 면에 의식을 집중한다
- 신발을 벗고 발가락과 발바닥의 연결부로 바닥을 '꽉' 밀듯이 눌러본다
- 나뭇조각이나 쇳조각 등의 딱딱한 물건을 움켜쥐고 반응을 느껴본다
- 모피나 인형 등 촉감이 좋은 것을 쓰다듬는다
- 밸런스 보드(흔들리는 판 위에 올라가서 중심을 잡는 운동 기구)에 올라가 본다
- 맨발로 모래사장이나 흙, 잔디밭 위를 걷는다

발을 사용한 그라운딩의 키 포인트는 '중력을 느끼는 것'입니다. 발바닥의 접지면으로 전신의 무게를 느끼거나, 걸을 때 한 발씩 땅을 밟으면서 걸으면 '마음이 불안하고 안정되지 않은 상태'에서 돌아올 수 있습니다.

현대를 살고 있는 우리는 다양한 정보에 주의를 빼앗겨서 무의식중에 많은 것을 생각하느라 항상 머리를 쓰는 상태에 놓여 있습니다. 신체 감각에 주의를 기울일 기회가 적기 때문에 의식적으로 몸을 쓰는 것이 매우 중요합니다.

참고로 중력과 균형 감각은 귀 안쪽에 있는 전정신경이 담

당하고 있습니다. 이 신경은 포지스가 제창하는 복측 미주신경계 그룹에 들어있는 것이 아니기 때문에 엄밀한 의미에서 '복측 미주신경을 향한 자극'이라고 할 수 있을지는 논의의 여지가 남아 있습니다. 하지만 '땅에 발이 붙어 있다'라는 감각은 안전함을 느끼고 안심할 수 있는 감각 그 자체와 매우 관련이 깊다고 할 수 있습니다.

이러한 일들을 해보기 전과 후에 '신체 내면의 느낌'이 달라졌는지를 느껴보는 것이 좋습니다. 다음 장에서는 '신체 내면의 느낌'을 감각하는 것이 얼마나 중요한지 알려 드리겠습니다.

19장 | '몸이 원하는 것'을 잘 파악하는 방법

> '물 한 모금'으로 자기 컨디션을 알 수 있다

'내수용 감각'은 몸의 요구 그 자체다

잘 쉬기 위해서는 '몸의 요구'를 잘 파악하는 것이 중요하며, 그러기 위해서는 신체 감각에 의식을 집중할 기회를 가져야 합니다. 여기서는 '몸의 요구'를 캐치하는 방법에 대해 좀 더 자세히 이야기해 봅시다.

예를 들어 자기 컨디션을 파악하고 관리하는 시점은 중요합니다. 머리가 아프다, 감기에 잘 걸린다, 배탈이 나기 쉽다 같은 몸의 증상을 알아차리는 것은 물론이고, 목이 뻣뻣해졌다, 팔이 부어있다, 몸이 나른하다 등 몸의 부위별 컨디션을 알아차리는 것도 중요한 일입니다.

여기서 '몸의 요구'의 측면에서 더욱 중요한 개념을 소개하려고 합니다. 바로 '내수용 감각'입니다. 내수용 감각이란 '심장이 뛰는 느낌', '등골이 오싹한 느낌', '위가 꽉 조여드는 느낌', '음식을 삼킬 때 식도가 눌리는 느낌'과 같은 몸 안쪽의 감각을 말하며 '내장 감각'이라고도 합니다. 몸 바깥에서 오감을 통해 얻을 수 있는 정보가 '외수용 감각'이며, 자신의 내부에서 얻을 수 있는 정보가 '내수용 감각'입니다.

내수용 감각은 정보의 근원에 있으며 사람의 행복이나 안정감에 직결되는 중요한 감각입니다. 그것뿐 아니라 경험을 바탕으로 한 직감적인 의사결정을 정밀하게 하는 데도 크게 관여합니다. 내수용 감각이 적절히 기능하지 않으면 불안이나 우울감을 느끼기 쉽고 다양한 스트레스 관련 질환이나 생활습관병에 걸리기 쉽다는 사실이 알려져 뇌신경과학 분야에서 크게 주목받고 있습니다. 전신에서 전달되는 내수용 감각이 뇌의 '뇌섬엽'이라는 장소에 모이게 되면서 '내가 나라는 감각'(자아감)이 생긴다는 것도 밝혀졌습니다.

얼음 모드에 들어가 있을 때는 내수용 감각을 느끼기 어렵습니다. 이 모드는 '내가 나라는 감각'을 약화시키고 괴로운 감정을 '남의 일처럼 느끼게 해서' 흐릿하게 만드는 방어 반응이기 때문입니다. 반대로 복측 미주신경계가 제대로 기능하고 있으면 내수용 감각을 확실히 느낄 수 있습니다.

로젠버그의 기본 운동 소개에서 '물을 한 모금 삼켜보고 마신 물의 감각을 어디까지 따라갈 수 있는가'에 관해 이야기했는데, 이때 마신 물이 목이나 식도, 위를 통과하는 느낌이 바로 '내수용 감각'입니다. 예를 들어 아침에 일어났을 때 물을 한 모금 마시고 그 감각을 어디까지 따라갔느냐에 따라 그날 자신의 컨디션을 어느 정도 알 수 있습니다.

내수용 감각을 감지하는 연습

―

우선은 몸의 안쪽에 확실하게 주의를 기울여 봅시다.

의식 연구의 일인자인 신경학자 스티븐 로레이스에 따르면, 오감을 통해 자신의 바깥 세계만 의식하면 자신의 안쪽에서 일어나는 일을 전혀 눈치채지 못하게 된다고 합니다(반대도 마찬가지겠지요). 우리는 항상 타인의 시선이나 환경의 변화처럼 자기 바깥의 일에만 신경을 쓰고 있어서 자신의 안쪽으로 눈을 돌릴 기회가 적습니다.

우선은 머리끝부터 발끝까지 차분하게 자기 몸 안쪽에 주의를 기울여 봅시다. '여기가 긴장하고 있구나'라거나 '조금 위화감이 느껴지네'라고 생각되는 부분이 있을까요? 만약 있다면 그 부분을 잘 살펴보려는 마음을 가져봅시다.

내수용 감각 훈련 방법도 있습니다. 현재 가장 많이 사용되는 방법은 '자기 심박수를 세는 것'입니다. 직접 손목이나 심장에 손을 대고 맥을 재는 것이 아니라, 우선 자신의 심박수를 예측합니다.

예를 들어 40초 동안 35회의 심박수를 느꼈다고 예측해 봅시다. 다음으로 스마트폰이나 맥박 산소측정기 등으로 실제 맥박을 측정해서 50회가 나왔다고 한다면 '실제 심박수와 예측 심박수와의 차'를 '실제 심박수'로 나누어 오류율을 산출합니다. 예시의 경우라면 '(50-35)÷50'으로 오류율은 30퍼센트입니다. 오류율이 30퍼센트를 밑도는 결과가 나온다면 내수용 감각이 평균보다 높다는 뜻입니다.

이처럼 '자기 내면을 스캔해서 내수용 감각을 포착하는' 일을 하면 신체와의 관계는 반드시 좋아집니다. 다른 사람의 일에만 시간을 쓸 것이 아니라 부디 '자신과의 연결'을 위해 시간을 내봅시다.

진정한 '휴식 방법'을 알기 위한 첫걸음은 자기 몸이 요구하는 것을 주의 깊게 살필 시간을 가지는 것입니다. 예를 들어 일주일에 한 끼라도 좋으니 '내 몸은 지금 무엇을 먹고 싶어 하는가'를 생각해서 먹어봅시다. 먹을 때도 가능하면 스마트폰을 내려놓고 천천히 씹고 맛보며 먹는 기회를 만드는 것이 중요합니다.

정신을 차려보니 우리의 식사는 '저당질과 고단백', '저탄고지', 'SNS에 올리는 메뉴' 등 식사가 아니라 '정보'를 섭취하고 있다고 해도 과언이 아닌 상태가 되었습니다. 이는 결코 나쁜 일은 아니지만, 머리가 원하는 것과 몸이 원하는 것은 대체로 다릅니다. '오늘은 이런 기분이네'라고 몸이 하는 말에 귀를 기울여 봅시다.

20장 '사회적인' 내가 아닌 '개인적인' 나의 말을 되찾자

자신의 마음을 억누르지 말자

내수용 감각은 과잉 적응에서 벗어날 수 있는 힌트가 된다

이 책의 서두에서는 '과잉 적응'에 대해 이야기했습니다. 지금은 많은 사람이 자신에게 주어진 사회적 역할에 얽매여 있습니다. 우리는 사회에서 살아남기 위해 필요한 지식이나 상식, 상대의 표정 등 온갖 정보를 읽어들여 가장 바람직한 '최적의 내 모습'을 연기하고 있습니다. 자신이 속한 커뮤니티에서 좋다고 여기는 상식이나 암묵적인 규칙에 지배당하는 전형적 사고 패턴에 빠져있는 것입니다.

그러나 우리는 사회적 존재인 '인간'인 동시에 '사람'이라는 생물이기도 합니다. 사회적인 역할과 '이렇게 해야만 한다'라는 주변의 시선과는 별개로, 생물로서의 자신에게서 비롯된 욕구나 주장, 의견이 있을 것입니다. 상담의 신이라고 불린 임상심리학자 칼 로저스는 '사회적인 나'의 말이 아니라 '나 자신'의 말을 되찾기 위해서 '내장 감각'이 필요하다고 말했습니다.

로저스는 한 사람 한 사람이 자신의 '내장 감각(내부 실감)'에 따라 자유롭게 살아가는 것을 깊이 존중했습니다. 자신이 실감하는 것 이상으로 신뢰할 수 있는 건 아무것도 없고, 그 이상은 두려워하지 않아도 됩니다. 학교나 직장에 '적응'하는 정도의 문제는 하잘것없는 사소한 일이라고 일축한 것입니다.

로저스의 카운셀링에 의하면, 사람이 더욱 나다운 나를 모색하며 살아갈 때 사회의 전형적인 사고방식을 따라 생각하지 않게 됩니다. 그 대신 자신의 '내장 감각'을 통해 생각하고 판단하며 살아가게 되는 것입니다. 그래야 훨씬 더 현명하게 살아갈 수 있습니다. 즉, '내장 감각'은 귀중한 정보를 가져오는 '지식의 원천' 중 하나입니다. (모로토미 요시히코, 『칼 로저스, 상담의 원점』)

내장 감각을 따른다는 것은 지성이나 이성을 버리고 '야생으로 돌아가는' 것이 아닙니다. 원래 이성의 역할은 '무언가가 중요한지 아닌지 가치를 판단하는 것'입니다. 그저 세상의 가치관에 따라 합리적이고 효율적으로만 살아가는 것이 이성적인 것은 아닙니다. '동물로서의 내장 감각'인 지성의 중요성도 인지하면서, 타인이나 사회와 살아가는 데 필요한 것을 타협해 가는 것이 진정한 이성적 삶의 방식이라고 할 수 있지 않을까요?

| 21장 | 사람과 이어지지 않아도
괜찮다 |

자연, 자기 자신, 미술….
모든 곳에 '연결'이 있다
―

지금까지 복측 미주신경계, 안심되거나 안전하다는 감각, 커뮤니케이션과 연결의 중요성에 관해 이야기했습니다. 신뢰할 수 있는 사람이 보여주는 온화한 미소나 목소리는 복측 미주신경계를 기분 좋게 자극합니다.

그러나 타인과 이어지는 게 부담스럽거나 불편한 사람도 있을 것입니다. 그런 경우, 꼭 사람과 이어지지 않아도 괜찮습니다. '관계'를 맺는 방식은 훨씬 다양합니다.

반려동물처럼 체온이 있는 생물을 만지거나, 좋아하는 인형이나 〈피너츠〉의 라이너스처럼 애착 담요를 끌어안는 것으로도 '관계'나 '안도감', '편안함'을 느낄 수 있습니다.

또한 자신이 큰 네트워크의 일원이라는 감각을 얻는 것은 행복과 직결됩니다. 이를 '공동체 감각'이라고 부르는데, 자신이 전체의 일부이며 전체와 함께 살고 있다는 것을 실감함으로써 안심되고 든든함을 느끼는 것은 자연스러운 감각입니다.

예를 들어 바람을 느끼면서 자연이 가득한 곳을 산책하거나, 말이 나오지 않을 정도의 절경을 눈에 담고 경외심을 느낄 때면 '자연과의 이어짐'을 실감할 수 있을 것입니다. 요가나 마음챙김, 스포츠나 앞에서 이야기한 그라운딩 기법 등을 통해서 자기 몸을 마주하고 마음의 소리를 들으면 자신과 몸이 이어져 있음을 느낄 수 있습니다.

혹은 미술관에서 어떤 그림에 시선을 빼앗겨 봅니다. 계속 바라보고 있으면 시간을 초월해 그림 속에 존재하는 사람들의 생활이나 작가의 심정까지 떠오릅니다. 또는 역사적인 건축물을 보고 감동해 그 건물이 지나온 유구한 시간을 느끼고, 그것을 소중하게 지켜온 사람들의 역사를 느낍니다. 자신도 끊이지 않고 이어지는 역사의 한 페이지라는 것을 깨닫습니다.

세상을 떠난 소중한 사람을 떠올리며 '분명 그 사람이 지켜보고 있을 테니까 이 일을 멈출 수 없다'라든가 '지금도 지켜봐 주고 있을지도 몰라'라고 느끼는 것, 성묘하러 가서 근황을 보고하거나 기도하는 것, 그 사람과의 추억이 있는 장소를 방문하는 것, 유품이나 연고가 있는 물품을 소중히 취급하는 것.

이것들도 '이어짐'의 본질이며 우리에게 느긋하게 사는 힘이나 치유를 주는 것이라고 생각합니다.

22장 | 살아가기 괴로울 때 나를 '지탱'해 준 것은

안전과 안심의 씨앗이 되는 '리소스'를 모으자

지금까지 살아오면서 힘들었던 일, 괴로웠던 일이 전혀 없었던 사람은 아마 없을 겁니다. 그럼에도 살아올 수 있었던 것은 폭풍 속에서도 비를 피할 수 있었던 순간이나 삶을 편하게 만들어 주는 '버팀목'이 있었기 때문은 아닐까요?

정말 좋아하는 인형, 무슨 일이 있어도 상냥하게 대해주는 친구, 선생님께서 항상 해주신 격려의 말들, 아픔을 덜어준 노래, 용기를 불어넣어 준 애니메이션….

일시적인 위안이 되어준 것도, '생명줄'이라고 할 만한 수준의 것도 있었을지 모릅니다. 이렇게 어느 사람의 안전이나 안도감의 원천이 되는 것을 '리소스'라고 합니다. 리소스를 떠올리거나 느낄 때는 가슴이나 뱃속의 답답함과 불편함이 사라지거나 근육의 긴장이 아주 약간 느슨해집니다.

'인생에서 힘들었던 시기에 버팀목이 되어준 것은 무엇이었습니까?', '힘들었는데 어떻게 여기까지 올 수 있었을까요?', '나를 구원해 준 것은 무엇일까요?' 자기 자신을 향해 이와 같이 질문을 던지는 일은 지금까지 의지해 온 리소스를 깨닫는 일에 유용합니다.

여러분도 부디 자신의 리소스가 무엇인지를 생각해 보고 그것을 떠올려 보세요. 때로는 직접 만져보면서 자기 몸 안에 무슨 일이 일어나는지 의식을 집중해 봅시다. 한숨 돌릴 수 있거나, 명치 근처의 긴장이 풀린다거나, 복부 근처가 따뜻하게 느껴진다거나 하는 신체 감각의 변화를 느낄 수 있을지도 모릅니다. 그것을 확실히 체감할 수 있다면 안전이나 안심을 느끼는 신경의 기반이 조금은 더 자리를 잡을 것입니다.

| 23장 | 세상과 나를 연결하는 회로는
쉽게 끊어지지 않는다

우리의 신경은
평생에 걸쳐 변한다

3부에서 이야기한 것처럼, 복측 미주신경이 발달한 것은 포유류뿐입니다. 특히 인간은 태어남과 동시에 누군가의 보호를 받지 않으면 살아남는 것조차 불가능합니다. '관계'를 맺는 것은 우리에게 있어서 필수 불가결한 일입니다. 인간이라는 종(種)이 타인과 교류하고 사회를 형성하기 위해 새로운 생존 전략 요소로써 발달시킨 것이 복측 미주신경계입니다.

그런데 현대 사회에서는 다양한 요인에 의해 타인과 거리를 두고 사회와 이어지는 일을 회피하는 사람이 늘어나고 있습니다. 그만큼 타인에게 받는 부정적인 영향이나 상처가 깊다는 증거일 것입니다. 인간관계는 점점 섬세하고 난도가 높은, '어려운 게임'이 되어가고 있습니다.

그렇지만 연결을 계속 회피하면서 사는 것은 사회성을 생존 전략 요소로 삼아온 포유류에게 새겨진 프로그램을 거스르는 일이기도 합니다. 생물로서 선천적으로 가지고 있는 '이어지고 싶다'는 본능과 상처받은 경험으로 인해 후천적으로 익힌 방어 전략으로서의 '이어지고 싶지 않다'는 마음이 충돌하는 것이 현대인의 삶이 어려운 이유 중 하나가 아닌가 생각합니다.

적어도 날 때부터 '안심'이나 '관계'가 불필요하다고 하는 사람은 없습니다. 다양한 환경적 요인에 의해 타인이나 사회에 대한 불신이 쌓여 안심하거나 안전하다는 느낌을 받기 어려워졌을지도 모릅니다. 그러나 인간이라는 종에 갖춰진 신경계는 그렇게 약하지 않습니다. 우리에게서 '안도감이나 안전함'을 느끼는 신경 기반이 모두 사라지는 것은 아닙니다.

신경은 가변성이 있어서 평생 변화하는 힘이 있습니다. 사회생활이나 인간관계에 지치고 상처받아서 '아무도 만나고 싶지 않다', '다시는 타인을 믿을 수 없다', '이제 저런 세계(인간관계의 세계)에서 살고 싶지 않다'고 생각했던 사람이라 해도 자신을 치유해 주는 안도감이나 연결감을 얻은 뒤 '살아있어서 다행이다'라고 느끼는 것도 드문 일은 아닙니다.

그러한 상태를 목표로 삼는 것이 행복해지기 위한 유일무이한 방법이라고 말하는 것은 아니며, 강제하고 싶은 것도 아닙니다. 하지만 우리가 생물로서 신경 수준에서 갖추고 있는 '안도감을 느끼는 힘'은 결코 잃은 적이 없으며, 언제든 그 힘을 키울 수도 있다는 것을 꼭 마음에 새겨 두었으면 좋겠습니다.

몸과 마음을 회복한다
RESTORE THE MIND AND BODY

5부

새로운 자신을 발견할 수 있는 'BASIC Ph' 이야기

24장 세계를 바라보는 시각이 변하는 BASIC Ph 이론

새로운 자신과 만나는 방법

- 자율신경은 크게 '교감신경', '배측 미주신경계', '복측 미주신경계' 셋으로 나뉘며, 스트레스 등으로 인해 신경계의 건전한 흔들림이 가지는 리듬을 잃어버렸을 때 심신에 다양한 이상이 나타난다
- 스트레스 반응에는 크게 두 방향이 있고, 교감신경계가 우위인 상태(불꽃 모드)일 때는 업 계열의 스트레스 반응, 배측 미주신경계가 우위인 상태(얼음 상태)일 때는 다운 계열의 스트레스 반응이 나타난다

- 복측 미주신경계가 우위에 있으면, 심신이 안전함과 안도감을 느낄 수 있는 상태가 되어 생체의 건전한 리듬을 되찾을 수 있고 심신이 회복되는 과정으로 이어진다
- 이를 위해서는 마음이나 몸의 소리를 듣고 자신에게 정말 필요하고 중요한 것이 무엇인지 아는 것이 중요하다

이 책에서 지금까지 여러분에게 이야기한 내용입니다.

자율신경의 상태나 내수용 감각 등 몸의 요구를 파악하면 자신을 깊게 이해할 수 있고 이전보다 더 살기 편하다는 느낌과 만족감도 얻을 수 있을 것입니다. 이번 장에서는 당신에게 딱 맞는 코핑에 대한 이해를 높이기 위해서 'BASIC Ph'라는 사고방식을 소개합니다.

사람에게는 어떤 어려움도 회복할 수 있는 힘이 있다

여러분은 '회복력'이라는 말을 들어보셨나요? 회복력이란 일반적으로 '어려움을 매끄럽게 극복하고 회복하는 힘'을 뜻합니다. BASIC Ph 이론을 제창했던 이스라엘의 심리학자이며 정신적 외상 전문가인 무리 라하드는 트라우마를 경험한 사람이

'거기서부터 어떻게 다시 일어날 것인가'에 주목했습니다. 엄청난 스트레스를 경험한 사람들이 그에 대처하는 메커니즘을 관찰하고, 그 안에 여섯 가지 대응 방법이 있다는 것을 발견한 것입니다. 그는 회복력을 '반복되는 좌절이 덮쳐온다 해도 위기 상태를 견디고 회복하게끔 만들어주는 지속적 힘'이라고 이야기했습니다.

BASIC Ph는 제1차 중동전쟁 발발 이래로 분쟁이 끊이지 않는 이스라엘에서 1980년대에 탄생했습니다. 분쟁 지역에서 산다는 것은 항상 죽음을 곁에 두고 있음을 의미합니다. 일상적으로 죽을 위기에 처하거나 자신에게 소중한 사람 혹은 물건을 잃을 위험이 있는 것입니다. 그런 환경 속에서 시민의 스트레스 예방과 관리를 위한 연구를 진행하던 연구자와 의사는 생명을 위협받는 공격을 당하거나 상실을 겪은 이들이 그때마다 어떻게 평소 생활로 돌아가 회복하는지, 그 과정을 조사했습니다.

그 결과, 시민들의 스트레스 대처 방법(코핑)은 여섯 개의 채널로 나눌 수 있었습니다. 그리고 시민들은 한 사람 한 사람, 모두 여섯 개 채널 중에서 다른 유형의 대처 방법을 선호하고 있다는 것을 알 수 있었지요.

- B: Belief(신념·가치) = 정치적 입장이나 종교적 신념, 사명감, 자아실현 욕구나 자기표현 욕구 등 신념이나 가치에 의존한다

- A: Affect(감정·정서) = 운다, 웃는다, 자신의 감정 체험을 타인에게 이야기한다, 감정을 느끼고 표현한다 등
- S: Social(사회) = 업무를 맡거나 역할을 담당함으로써 단체나 조직의 일원이 되어 지지를 얻는다
- I: Imagination(상상력) = 몽상에 잠긴다, 즐거운 일을 떠올린다, 창의적인 활동을 한다 등 상상을 통해 현실을 외면하거나 다른 것으로 마음을 달랜다
- C: Cognition(인지) = 정보를 수집한다, 자신이 어떻게 행동해야 할지 생각한다, 자신과 대화한다, 우선 사항을 철저히 밝혀낸다 등 문제 해결을 위해 움직인다
- Ph: Physiology(신체) = 몸을 움직임으로써 스트레스에 반응하거나 대응한다

BASIC Ph는
인간의 '세상과 연결되는 방법'에 주목한 것

―

스트레스란, 물체가 외부에서 받은 힘 때문에 생기는 '변형·뒤틀림'이라고 이야기했습니다.

공을 떠올려 봅시다. 외부에서 받은 힘 때문에 찌그러져도 탄력이 있어 원래의 둥그런 모양으로 돌아갈 수 있습니다. 이

탄력이 회복력입니다. 그러나 탄력을 잃었거나 외부에서 가한 힘이 너무 강하면 공은 찌그러져 움푹 들어간 그대로일 것입니다. 그 정도로 큰 충격을 주고 그 후에도 강한 영향을 미치는 경험을 '트라우마'라고 합니다.

공이 찌그러져 움푹 들어가 있는 상태일 때 무슨 일이 일어나고 있을까요? 라하드 박사는 이를 '세상과의 연결을 잃어버린 상태'라고 말합니다. 트라우마라고 부를 만큼 큰 외상을 겪으면 그 사람과 세상과의 '연결이 끊어지는' 일이 발생합니다.

심신이 위기 상태에 빠지면, 사람은 세계와 연결되는 방법을 잃어버립니다. 가까운 존재와 떨어지게 되거나 과도하게 긴장된 상황에 놓이는 등 너무 큰 스트레스를 받고 마음에 상처를 입으면 무엇을 하면 좋을지, 어떻게 살아가면 좋을지 일시적으로 알 수 없게 됩니다.

몹시 비참한 일을 겪었을 때 사람은 '아무와도 이야기하고 싶지 않다', '어차피 아무도 도와주지 않는다', '나는 아무것도 할 수 없다', '세상은 이제 안전하지 않다'라고 느낍니다. 그런 상태일 때는 가령 누군가가 구원의 손길을 내밀더라도 피해버리고 맙니다. 사건에 압도되어 마음을 닫고 얼음 모드에 들어가 버립니다. 다른 사람을 향한 신뢰도, 세상을 향한 신뢰도 날아가 버리고 외톨이가 됩니다. 이것이 '연결의 단절'입니다.

라하드 박사는 'BASIC Ph'의 여섯 가지 채널을 통해 잃어버린 연결을 되찾기 위한 하나의 '기준'을 마련할 수 있다고 이야기합니다. 자신과 단절된 세상 사이에 겹치는 부분이 없는지를 찾는 과정을 거쳐 사람은 회복하고 또 강해집니다. 그것이 찌그러진 공을 되돌리는 회복력, 즉 리질리언스(resilience)입니다.

인간이 '연결'에 의해 치유되고 회복한다는 것은 다미주신경 이론과 공통된 점입니다. 거기서 더 나아가 그 '연결'의 대상을 인간으로 한정하지 않고 '세상과 관계 맺는 방법'이란 식으로 확장한 것이 BASIC Ph의 독특하고 발전적인 관점이라고 생각합니다.

그렇다면 BASIC Ph의 각기 다른 채널을 사용하여 세상과 관계를 맺는다는 것은 무엇을 뜻할까요?

'같은 사건에 대해 이야기하는데 사람에 따라 말하는 내용이 전혀 다르다'라는 경험이 아마 여러분께도 있을 것입니다. 같은 프로젝트를 함께한 멤버끼리 그 프로젝트에 관해서 이야기하는 경우에도, A 씨는 '어떤 신념을 가지고 프로젝트를 완수했는가'를 이야기하고, B 씨는 '프로젝트에 참여하는 동안 감정이 어떻게 변했는가'를 이야기하고, C 씨는 '어떻게 해서 프로젝트에 관련된 문제를 해결했는가'를 이야기하는 일이 종종 있습니다.

이처럼 우리는 어떤 필터를 거쳐 자신의 체험을 인식하거나 타인에게 전달합니다. 그 필터는 BASIC Ph의 여섯 가지 항목으로 분류할 수 있으며 여섯 가지 중 어느 것을 우선시할지는 사람에 따라 다릅니다. 앞의 예시로 말하자면 A 씨는 신념(Belief)을, B 씨는 정서(Affect)를, C 씨는 인지(Cognition)를 우선시했다고 할 수 있습니다.

물론, 우선시하는 채널이 하나뿐이라고는 단정할 수 없습니다. B와 C 두 가지를 우선시하고 A를 전혀 사용하지 않는 사람, A와 I를 우선시하고 C를 전혀 사용하지 않는 사람도 있을 것입니다. 어쨌든 우리는 BASIC Ph 중 자신이 좋아하는 채널을 사용해 세상을 바라보고 인식하며 연결되어 있습니다.

그리고 인간은 언어를 사용해 세상을 바라보고 인식하고 이야기하는 생물이기에, 'BASIC Ph의 어느 채널을 사용해 세상과 연결되어 있는가'는 'BASIC Ph 중 어느 언어를 사용해 세상을 바라보고, 확인하고, 이야기하는가', 'BASIC Ph 중 어느 언어의 세상에서 살아가고 있는가'와 같은 의미라고 할 수 있습니다.

BASIC Ph를 통해
세상과 다시 이어질 수 있다

사람은 평소 우선시하는 채널을 사용하거나 반대로 평소 사용하지 않는 채널을 사용하여 다시 세상과의 연결을 되찾음으로써 심신을 회복할 수 있습니다.

실제로 이스라엘에서는 BASIC Ph를 사용해 자신의 체험이나 생각을 말하도록 하거나, 나중에라도 자세히 이야기할 수 있게끔 BASIC Ph를 바탕으로 적절한 코핑을 찾아내 실천하게 합니다. 이런 방식을 통해 전쟁으로 마음에 상처를 입은 사람이 세상과 다시 관계를 맺게 해서 심신을 치유하고 회복하도록 대처하고 있습니다.

전쟁이라는 극한의 상황 속에서도 BASIC Ph는 '세상은 어떻게 나뉘어 있는가', '나는 세상을 어떻게 바라보고 있으며(나는 어떤 언어의 세상에서 살고 있는가) 내가 살아가기 위해 필요한 것, 중요한 것은 무엇인가', '타인은 세상을 어떻게 바라보며(타인은 어떤 언어의 세상에서 살고 있는가) 그 사람이 살아가는 데 필요한 것, 소중한 것은 무엇인가', '나와 타인의 세상에는 어떤 차이가 있으며 우린 그것을 메울 수 있는가'를 알기 위한 이정표가 됩니다. 심신을 위기에서 구하고, 사람들의 마음속에 있는 회복력을 불러일으키는 데 몹시 효과적입니다.

BASIC Ph가 현대인에게 이 어려운 세상을 편히 살아가게 해주는 '기준'이 되는 것은 틀림없습니다.

25장 　　　　　　　　　패턴을 파악하면
　　　　　　　　　　　　쉽게 회복할 수 있다

> 사람마다 특화된 채널이 다르다

사람마다 자신에게 특화된
채널을 가지고 있다

BASIC Ph의 여섯 가지 채널(언어, 범위)에 관해서 다시 한번 자세히 이야기하겠습니다.

- **B = Belief**(신념·가치)

신조나 가치관, 의식·의례, 신앙, 영혼 등 신념을 통해 세상을 파악하거나 '신에게 기도한다', '나는 괜찮다고 강하게 믿는다', '주문을 건다', '자신이 되고 싶은 모습을 상상한다' 같은 행동으로 스트레스에 대처하고 상황을 타파하여 자신을 회복시키려는 경우라면 B의 채널을 먼저 사용하는 사람입니다.

- **A = Affect(감정·정서)**

희로애락 등의 감정을 바탕으로 세상을 포착하거나 '화를 낸다', '웃는다', '운다', '즐거운 일을 발견한다', '불평한다' 등 감정을 표현하는 것으로 스트레스에 대처하고 상황을 타파하여 자신을 회복시키려고 할 경우에는 A 채널을 먼저 사용하는 사람입니다.

- **S = Social(사회적)**

인간관계나 역할 등의 사회적 요소를 바탕으로 세상을 포착하거나 사람이나 조직, 커뮤니티와 관계를 맺는 것으로 스트레스에 대처하고 상황을 타파해 자신을 회복시키려고 하는 경우는 S의 채널을 먼저 사용하는 사람입니다.

- **I = Imagination(상상력)**

상상력·창의력을 바탕으로 세상을 포착하거나 '드라마나 영화 등을 감상한다', '그림을 그리거나 이야기를 쓴다', '사물을 보는 방법을 바꾼다' 등 상상력을 사용하여 스트레스에 대처하고 상황을 타파해 자신을 회복시키려고 하는 경우는 I의 채널을 먼저 사용하는 사람입니다.

- **C = Cognition(인지)**

사실이나 이성 등 인지적 요소를 바탕으로 세상을 파악하거나 '지식이나 정보를 얻는다', '조사한다', '관찰한다', '전략을 세운다' 등 정보를 모으고 해결 수단을 생각함으로써 스트레스에 대처하고 상황을 타파하여 자신을 회복시키려고 하는 경우는 C의 채널을 먼저 사용하는 사람입니다.

- **Ph = Physiology(신체)**

신체 반응을 바탕으로 세상을 파악하거나 '운동을 한다', '맛있는 것을 먹는다', '술을 마신다', '명상한다', '외출한다' 등 신체를 활용하고 움직임으로써 스트레스에 대처하고 상황을 타파하여 자신을 회복시키려고 하는 경우는 Ph의 채널을 먼저 사용하는 사람입니다.

평소 어느 채널을 우선시하고 있는가는 그 사람의 성격이나 취향, 소속된 문화 등에 따라 달라집니다. 그리고 앞에서 이야기한 것처럼 자신이 어느 채널을 잘 사용하고 있는지를 알면 스스로가 세상을 어떻게 보고 있는지, 세상과 어떻게 이어져 있는지를 알 수 있습니다. 자신에게 필요한 것과 중요한 것, 안전함이나 안도감을 느낄 수 있는 것을 파악하기 쉬워집니다.

코핑도 'BASIC Ph'의 여섯 개 채널로 분류할 수 있다

지쳤을 때, 스트레스를 받았을 때, 어려운 상황에 직면했을 때, 위기 상황에 빠졌을 때 항상 어떤 행동을 취하고 있는지를 생각한다면 자신이 우선시하는 채널에 대한 단서를 찾을 수 있습니다.

여러분도 생각해 봅시다. 당신은 피로나 스트레스, 마음의 상처를 받았을 때나 곤란한 상황에 직면했을 때, 마음을 진정시키고 그 상황을 타파하여 심신을 회복하기 위해 어떤 행동을 취하나요?

'이것은 나에게 주어진 시련이며, 성장할 기회다'라고 스스로를 타이르나요? 울거나 화내면서 감정을 마음껏 발산합니까? 안심할 수 있는 상대에게 속마음을 털어놓고 상담하나요? 좋아하는 애니메이션이나 음악, 게임 등에 몰두합니까? 인터넷이나 사람과의 대화를 통해 정보를 모아서 구체적인 해결 방법을 찾으려고 합니까? 술을 마시거나, 운동을 하거나, 어떠한 방법이든 몸을 움직여 스트레스를 해소하려고 하나요?

물론 답은 하나가 아니어도 상관없습니다. 생각나는 대로 목록을 만들고 자신의 행동이 각각 어느 채널에 속하는지 분류해 봅시다. 방금 이야기한 예시를 사용하자면 '이것은 나에게 주어진 시련이다'라고 자신을 타이르고 격려하는 케이스는 B를 먼저 사용하는 사람입니다. 울거나 화를 내면서 감정을 발산하는 이는 A를 먼저 사용하는 사람, 안심할 수 있는 상대에게 속마음을 털어놓고 상담하는 이는 S를 먼저 사용하는 사람, 좋아하는 애니메이션이나 음악, 게임 등에 몰두하는 이는 I를 먼저 사용하는 사람, 인터넷이나 타인과의 대화 등으로 정보를 모아서 구체적인 해결책을 찾으려는 이는 C를 먼저 사용하는 사람, 술을 마시거나, 운동하거나, 몸을 움직이거나, 어떤 방법으로든 몸을 움직여 스트레스를 푸는 이는 Ph를 먼저 사용하는 사람이라고 볼 수 있습니다.

혹은 스트레스가 쌓였을 때나 곤란할 때 다음과 같은 행동을 하는 사람이 있다고 칩시다.

- 점을 보러 간다 → B
- 아무튼 잠을 잔다 → Ph

- 사이좋은 친구들에게 울면서 불평하거나 이야기한다 → S, A
- 맛있는 음식을 먹는다 → Ph
- 그림을 그리거나 게임 세상에 몰두한다 → I
- SNS에 분출해서 기분을 시원하게 한다 → S, A
- 노래방에서 진심으로 열창한다 → A, 노래한다는 I
- 울 수 있는 영화나 드라마를 본다 → A, 본다는 I

이 경우 B가 1개, A가 4개, S가 1개, I가 3개, C가 0, Ph가 2개이기 때문에 이 사람은 여섯 가지 중에서는 A 채널을 잘 사용한다고 할 수 있습니다. 이처럼 같은 사람이라 해도 그때의 상황에 따라 사용하는 채널은 다르지만, 그중에서도 빈번하게 사용되는 채널과 전혀 사용하지 않는 채널이 있을 것입니다.

또한 이 예시나 앞으로 나올 표를 보면 알 수 있듯이, 하나의 코핑이 반드시 하나의 채널에만 속해 있다고는 할 수 없습니다. 곤란한 상황에서 벗어나기 위해서 누군가의 의견이나 행동을 따를 때 '이 사람은 전문성이 높으니 의견을 따르는 것이 합리적이다'라고 생각한다면 C 채널이 될 것이고, '이 사람은 내 기분을 알아줘서 안심된다'라는 마음을 바탕으로 한다면 S나 A 채널이 될 것입니다.

자신에게 효과적인 채널을 확인하자

상황별로 각 채널의 효과 정도를 생각해 보는 것도 좋습니다.

- 업무 중에 실수해서 우울할 때는 친구에게 푸념하는 것(S, A)보다 게임 세상에 몰두하는 쪽(I)이 회복이 빨랐다
- 가족이나 파트너와 다투고 스트레스가 쌓였을 때는 게임을 해도 전혀 기분이 풀리지 않았다
- 어느 채널을 사용했을 때 심신의 회복이 빠르다고 느꼈는가?
- 어느 채널을 사용했을 때 마음이 더 편안하다고 느꼈는가?
- 별로 효과를 느끼지 못한 채널은 없었는가?

이러한 사항을 예시로 다시 생각해 봅시다.

'당신이 상처 입거나 고난에 빠졌을 때 무엇이 도움이 되나요?'라는 막연한 질문에 답하는 것은 어려워도, '곤란한 상황에 직면했을 때 나는 여섯 개 채널 중 어느 것을 잘 이용하는가?', '자신의 마음이 편할 때는 여섯 개의 채널 중에 어느 것을 이용하고 있을 때인가?' 등 BASIC Ph의 여섯 가지 채널을 기반으로 생각함으로써 자신의 심신을 회복하는 데 더욱 적절한 코핑을 발견하기 쉬워질 것입니다.

자기 안의 회복력이 무엇에 의해 깨어날 수 있는지를 명확하게 안다면, 그만큼 당신의 인생은 더 살기 편해질 것입니다.

코핑의 내용

B (Belief)

- '신이 보고 있다'라고 생각한다(S도 동일)
- 종교나 영혼, 점에 의지한다, 기도한다
- '이것은 운명이다'라고 생각한다
- 징크스, 미신을 몹시 믿는다
- 낙관적으로 사고한다
- 자기계발서를 읽는다
- 싫은 일이나 고통 속에서 의미를 찾는다

A (Affect)

- 공포 영화를 본다
- 화를 낸다, 한탄한다
- 실컷 운다
- 감성적인 음악을 듣는다
- 코미디 영상을 보고 마음껏 웃는다

- 분노에 몸을 맡기고 싼 접시를 깨뜨린다 (Ph이기도 하다)
- 친밀함을 기른다 등

S (Social)

- 누군가에게 상담한다
- 가족과 대화한다
- SNS (A이기도 하다)
- 옛 친구를 만난다
- 누군가에게 도움이 되려고 한다
- 술자리를 갖는다 (Ph이기도 하다)
- 타인과 거리를 둔다, 집에 틀어박힌다 등

I (Imagination)

- 현실로부터 도피한다, 공상에 잠긴다
- 사진을 찍는다
- 뮤지컬이나 연극을 본다
- 미술관에 간다
- 창작 활동을 한다
- 패션, 메이크업
- 만화, 애니메이션, 게임
- 코스프레

- 유머를 중시한다, 일부러 장난을 친다 등

C (Cognition)

- 정보를 수집하고 분석한다
- TO DO 리스트를 쓴다
- 위험 관리
- 타인과의 커뮤니케이션을 통해 상황을 이해한다 (S이기도 하다)
- 사건을 통해 배울 점을 생각한다 (B이기도 하다)
- 퍼즐이나 수수께끼 풀이 등으로 머리를 쓴다
- 인지나 스트레스에 대해 배운다 등

Ph (Physiology)

- 청소, 산책
- 요리 (I, C이기도 하다)
- 크게 소리친다 (A이기도 하다)
- 몸을 움직여 기분을 전환한다
- 스포츠
- 마사지 (S이기도 하다)
- 사우나, 온천
- 아로마테라피
- 스킨십 (S이기도 하다) 등

26장

새로운 채널을 개척할 수도 있다

지금 자신의 코핑만으로는 좀처럼 사태를 극복하기 힘들다고 생각할 수도 있습니다. 그럴 때는 자신과 상성이 좋은 채널을 알면, 같은 채널에 속한 다른 액션을 취해볼 수 있습니다.

예를 들어 '오늘은 혼자 게임을 할 마음이 들지 않아(게임)', '그 대신 이 게임 의상을 사서 입어 볼까?(코스프레)'라는 식으로 말입니다. (실제로 제 방이나 옷장에는 〈스플래툰〉의 굿즈나 티셔츠, 무기가 넘쳐납니다).

또 각 채널의 이웃끼리는 영역을 넓히기 쉽습니다. 'I'가 메인 채널이라면 그 양옆의 'S'와 'C'로 뻗어가기 쉽다는 것입니다.

예를 들면 이와 같은 식이겠지요.

- 좋아하는 애니메이션을 친구와 함께 보거나, 오프라인 모임에 참가한다 (I → S)

- 자신이 만든 창작물을 누군가에게 선물해 즐기도록 한다 (I → S)
- 좋아하는 작품이 왜 재미있는지를 분석한다 (I → C)
- 유머를 중시하는 것의 합리성을 학습한다 (I → C)

일본에서는 S, C, Ph 채널을 활용하는 사람이 많습니다. 라하드 박사는 I 채널의 활용을 권장하는데, 아무리 어려운 환경에 있거나 돈이나 마땅한 도구가 없더라도 상상력은 언제든지 발휘할 수 있기 때문입니다. 이미지의 힘은 무한대이며 모든 채널을 대신할 수 있습니다.

다양한 작품 속에서 다뤄지는 '상상 속 친구'는 그 전형적인 예입니다. 대화 상대가 아무도 없는 어린이는 마음속에 '상상 속 친구'를 만들어냅니다. 그 '친구'란 실재하는 존재처럼 함께 놀고, 대화할 수 있어서 아이의 마음을 지탱하는 존재가 됩니다.

그 외에도 '만약 아무에게도 지지 않는 강한 신념을 가지고 있다면…', '합리적인 문제 해결 능력을 갖춘 나', '크고 넓은 바다에 기분 좋게 떠 있는 이미지'처럼 I 채널은 모든 채널을 대신할 수 있습니다.

'지금까지 단점이라고 생각했던 것이 실은 장점일지도 모른다'는 생각으로 사물에 대한 견해를 바꾸고 새로운 구조로 다시 파악하는 것은 바로 창조성이 발휘되는 순간이자 I 채널의 진면목입니다. 또한 언뜻 보기에 이상이 있거나 건강해 보이지 않는 대처라 해도 그 사람 나름대로 최대한 채널을 활용한 결과라고 간주하는 것이 BASIC Ph의 기본적 사고방식입니다.

예를 들어 이 이론은 폭음과 폭식, 자신을 상처입히는 행위 역시 Ph 채널을 활용한 코핑의 하나로 바라봅니다. 단지 '건강에 나쁜 일'이라고만 여기는 것이 아니라 그 사람이 살아가기 위해 조금이라도 편해지도록 필사적으로 '힘'을 쓰고 있다는 것, 그러한 행동에 '긍정적인 측면이 있다', '힘을 발휘하고 있다'는 것을 적극적으로 인정하는 것입니다. 이 관점은 BASIC Ph 중에서도 특히 훌륭한 부분입니다.

여섯 개의 채널을 알면 인간 세상과의 연결 방법이 다양하다는 것을 이해할 수 있습니다. 스스로 코핑을 심화하거나 확장해 보면 새로운 세계를 발견하기 쉬워집니다. 또 타인과의 코핑 스타일에 어떤 차이가 있는지를 이해하기 쉬워지고, 상대에게 맞춰 일을 돕거나 소통하기 쉬워질 것입니다.

몸과 마음을 회복한다
RESTORE THE MIND AND BODY

6부

'몸과 조화를 이루는' 삶의 방식을 지향하자

'착실하다(地に足がつく: 땅에 발이 붙어있다)', '마음이 흔들리지 않는다(肚が据わる: 뱃속이 안정되어 있다)'라는 말처럼 일본어에는 몸을 사용한 관용구가 많습니다. 옛날 사람은 지금보다도 신체 감각을 중요시했던 것 같습니다. 자기 몸과 관계를 잘 맺는 것은 많은 현대인에게 커다란 화두가 아닐까 생각합니다. 저에게도 현재진행형인 과제입니다.

저도 일에 쫓겨서 몸 상태가 나빠진 시기가 있었습니다. 여유가 사라진 환경은 온갖 커뮤니케이션에도 악영향을 미쳤습니다. 지금 저는 중년이 되어 스스로의 삶을 돌아볼 시기를 맞았습니다. 어떻게 하면 더 '착실하고', '마음이 흔들리지 않는' 삶이 가능할지 생각하고 있지요. 결국 '몸의 성질'과 조화를 이루고 살아가는 것이 진정한 의미의 '풍요로움'으로 이어지는 것은 아닐까 싶습니다.

이 책의 마무리 장에서는 자신의 몸과 조화를 이루기 위해 어떻게 살아가면 좋을지에 관해 제가 평소에 생각하고 실천하는 것을 이야기하려 합니다. 주관적인 내용도 많으므로 부디 '입맛에 맞는' 부분만 참고해 주시면 감사하겠습니다.

'몸이 하는 말은 일단 옳다'라고 생각해 보자

근대 이후 인간을 인식할 때는 머리(뇌)가 가장 상위에 존재하며, 몸은 머리에 따르는 하위 존재라고 여겨졌습니다. 요점은 '머리가 더 중요하다'였습니다. 그러나 최근 연구에 따르면, 내수용 감각이라는 신체적 정보가 감정의 근원이라고 할 수 있습니다. '내가 나로 있는 것'이라는 '자기 감각'의 근본이며 더 나아가 경험적 의사결정의 원천이 되는 것이 바로 내수용 감각입니다.

그렇다면 머리와 몸은 우리가 생각하는 것과 달리 줄곧 대등한 관계였던 것일지도 모릅니다. 그럼에도 우리들 대부분은 지난 수십 년 동안 머리로 '생각하는' 일만 중요시하고 신체 감각을 기반으로 '느끼는' 일에는 소홀했습니다. 우리는 몸이 느끼는 것을 조금 더 존중하며 거기에 귀를 기울일 필요가 있습니다.

'몸에서 일어나는 일은 일단 옳다고 받아들인다'라는 태도로 통증이나 위화감, 술렁거림, 기분 좋은 느낌 등을 다시 살펴봅니다. 예를 들어 업무가 밀려서 '아직 할 수 있어!', '무조건 오늘 중에 끝낼 거야!'라고 생각했지만, 어쩐지 눈꺼풀이 무겁고 머리가 개운하지 않은 것 같을 때는 '오늘은 일찍 퇴근하는 게 좋을지도 몰라'라거나 '15분만 휴게실에서 쉬고 올까'라는 선택지를 고려해 봅니다. 혹은 '무언가 하고 싶어!'라는 생각이 들 때는 그것을 몸이 원하는 것인지 머리가 원하는 것인지를 잠깐 생각해 봅시다.

이런 식으로 '몸과 대화하는' 기회를 늘려가면 자기 몸과 소통하는 수준이 올라가지 않을까 생각하며 매일 시도하고 있습니다.

27장 | 화를 내고 싶을 때는 화내도 괜찮다

분노의 감정은 적이 아니다

흔히 '일본인 중에는 감정을 드러내는 것이 서투른 사람이 많다'고 이야기합니다. 실제로 제 지인이나 클리닉에 오시는 환자들을 봐도 감정을 드러내는 일을 '부끄럽다', '꼴사납다'라고 생각하는 사람이 적지 않습니다.

그중에서도 많은 사람이 '분노'라는 감정과 어울리는 것을 어려워합니다. 사회에는 '다른 사람 앞에서 분노를 표현하면 안 된다'라는 암묵적인 약속 같은 것이 있어서 대부분 자기도 모르는 사이에 분노를 억누르고 있는 건 아닐까요?

자신의 힘으로는 어떻게 할 수 없는 불합리한 상황에서 '화를 내도 소용없다'라며 포기한 사람, 분노를 참는 사이에 분노하는 법을 잊어버려 화를 내는 게 귀찮아진 사람도 있을 것입니다.

분노라는 감정을 몹시 부정적으로 인식하기 때문에 '분노를 느끼고 싶지 않다', '분노라는 감정이 두렵다', '화를 내고 만 자신을 용서할 수 없다'라고 말하는 사람이 많습니다. 그러나 '분노한 채로 상대방을 공격하는 것'과 '화가 나는 것, 분노라는 감정 자체를 참는 것'은 전혀 다릅니다.

사회에서 살아가기 위해 적절하게 공격성을 발휘하는 것은 아주 중요합니다. 직접적인 폭력이 아니라 조절 가능한 정도의 흥분을 동반한 '건전한 공격성'은 지배적인 상대로부터 자신을 지키거나 교섭을 할 때 자신의 의지를 관철하는 일, 도전하는 일 등으로 이어집니다. 분노는 선을 넘는 상대를 '되미는 힘'으로 작용하며 타인과의 건전한 경계선을 만드는 데 빠트릴 수 없는 중요한 감정입니다.

분노가 쌓였을 때 교감신경 반응이 활발해져서 안절부절못하거나 심박이 빨라지는 것은 정상 반응입니다. 상대방에게 직접 부딪칠 수 없을 때, 화를 내야 할 상대가 눈앞에 없을 때는 혼자서 분노의 말을 내뱉거나 종이에 써도 좋습니다. 건전한 방어로서의 교감신경 반응을 '끝까지 해내기' 위해서는 수건을 입에 넣고 꽉 깨물거나, 소리 내어 으르렁거리거나, 고무공이나 악력기를 있는 힘껏 쥐는 것도 좋은 방법입니다. 빠르게 여러

번 하는 것이 아니라 천천히 쥐어짜듯 하는 것이 요령입니다.

분노는 자신을 부당한 공격에서 지키기 위한 군인이나 경비원 같은 감정입니다. 결코 적이 아닙니다. 손에서 놓지 말고 좋은 관계를 만들 수 있도록 노력해 봅시다.

아무도 만나고 싶지 않을 때는 만나지 않아도 된다

'아무도 만나고 싶지 않아.'
원래 사람 사귀는 것이 능숙하지 않은 사람은 물론이고, 평소에 활발한 사람이라도 때로는 이런 기분이 들 수 있습니다. 며칠 동안 사람을 만나고 싶지 않은 상태가 계속되는 경우도 있고, 술자리 도중에 갑자기 체력이 고갈되어 집에 돌아가고 싶어지는 순간도 있을 것입니다.

당연한 일이지만, 사람과의 커뮤니케이션에는 에너지가 소모됩니다. 이 사교를 위한 에너지를 게임의 HP처럼 '소셜 포인트(SP)'라고 불러봅시다. 아무리 사교적인 사람이라 해도 SP를 다 써버리면 사교 모드인 복측계 상태로 있을 수 없습니다. 그렇게 되면 배측계에 들어가 자신을 '닫고 싶어지는' 때가 찾아옵니다. 몸이 '슬슬 문을 닫아야지'라고 신호를 보내는 것이기도 합니다. 이와 같은 '커뮤니케이션 오버' 상태가 되었을 때는 평소 사이가 좋은 사람이라 해도 만나는 것이 귀찮아져서 만나거나 연락하기를 거절하고 싶어지기도 합니다. 흔히 그런 자신을 '한심하다', '나는 왜 이런 걸까'라고 생각하는 사람이 있습니다. 그러나 자신을 탓할 필요는 전혀 없습니다.

오히려 자신을 탓하거나 무리하게 움직이려고 하는 쪽이 배측으로 들어가려는 몸을 정체시키고 움직이지 못하게 하는 경우도 많습니다. "이리저리 움직이려고 발버둥쳤지만 오히려 포기하고 아무것도 하지 않으려 하면 더 빨리 회복되는 느낌이 듭니다."라고 이야기한 환자가 있었습니다. 확실히 그 말대로, 차라리 '배측계에 들어가야 한다'는 몸의 요구에 몸을 맡기는 편이 건전한 리듬을 되돌리기 쉽습니다. 커뮤니케이션 오버가 되었을 때는 '조개처럼' 단단히 닫고 가만히 있는 것이 가장 합리적입니다. 전철 등 사람이 많은 곳을 피하고 사람과 만나지 않는 시간을 어떻게든 만들어 SP를 회복시킵시다.

다행히 요즘 시대는 사람과 만나지 않아도 어느 정도 생활할 수 있습니다. 필요한 물건은 인터넷으로 주문할 수 있고 직종이나 직장에 따라서는 재택근무처럼 타인과 대화를 거의 나누지 않는 환경에서 일할 수 있는 사람도 있을 것입니다. 그리고 자신의 SP를 과하게 소비하지 않도록 환경을 정돈하는 것도 중요합니다.

혼자 산다면 자기 집에 틀어박히는 것이 좋겠지만, 본가나 세어하우스에 살고 있는 사람은 좀처럼 타인과의 커뮤니케이션을 단절하기가 어려울 것입니다. 그런 경우에는 넷 카페*나 사람이 오지 않는 화장실에 틀어박혀서 쪼그려 앉거나, 이불을 뒤집어쓰고 주변과 벽을 만든다거나, '조개처럼 웅크리고 있을 때는 내버려둬'라고 미리 주변에 전달해 두는 등 조금이라도 틀어박히기에 전념할 수 있는 환경을 확보합시다.

* 일본의 넷 카페는 보통 독립된 공간(개별 룸)으로 되어 있는 PC방이라고 보면 된다.

28장 | 작은 변화를 알아주는 사람을 소중히 여기자

예전에 이런 환자가 있었습니다. 전에 다녔던 직장에서 일이나 인간관계가 잘 풀리지 않아 심신이 지쳤고, 결국 움직일 수 없게 되어 휴직했습니다. 그 후 직장에 복귀하거나 이직도 해봤지만 이전과 같은 상황을 마주하면 또 심신이 굳어버려 회사에 갈 수 없게 되었습니다. 그런 자신이 한심하고 싫어서 '나는 쓸모없는 인간이다', '무엇을 해도 어차피 나는 변할 수 없다', '성장이 없다'라며 절망하고 있었습니다.

어떻게든 하고 싶어서 필사적으로 노력하는데 결국 같은 일을 반복하면, 사람은 아무래도 자기혐오에 빠지게 됩니다. 그러나 아주 작은 성장도, 변화도 없는 사람은 없습니다. '성장이 없다', '변화가 없다'고 한탄하는 것은 '자신은 성장하지 못하는 사람이다'라는 생각이 강하게 영향을 미치고 있어 그저 자신의 미세한 변화를 눈치채지 못할 뿐인 경우가 압도적으로 많습니다. 아무리 정체된 것처럼 보여도 작은 변화는 확실하게 쌓이고 있는 것입니다.

위의 환자분은 몇 번이나 휴직과 복직을 반복했지만, 휴직할 때마다 분명히 변화는 조금씩 있었습니다. 전에는 상사나 동료에게 부탁받은 것을 아무 생각 없이 그냥 맡았는데, 이제는 '이게 내가 해야 할 일인가?', '어쩐지 답답하다'라는 갈등이 생겼다고 합니다.

사람은 나선형으로 성장하고 변화해 갑니다. 같은 돌에 걸려 넘어지는 것처럼 보여도 완전히 같은 방식으로 넘어지는 것은 아닙니다. 넘어지는 일에 관해서도, 조금씩이지만 반드시 능숙해질 것입니다. 그 변화를 스스로 깨달았으면 합니다.

많은 사람이 비포, 애프터가 확실한 '극적인 변화'를 원하고 동경합니다. 그러나 작은 변화를 계속 쌓아가는 것에는 그와 다른 충실감이 있습니다. 사람의 변화란, 언뜻 보아도 후자의 유형이 많은 것 같습니다. 그런데도 대다수 사람들이 자신의 미시적인 변화는 좀처럼 눈치채지 못합니다. 그러므로 그 작은 변화를 깨닫고 '성장했네', '변하고 있잖아'라고 짚어주는 제삼자가 있다면 아주 큰 도움이 될 것입니다. 이처럼 좋은 눈을 가진 사람과의 관계를 꼭 중요하게 여깁시다.

| 29장 | '느림'의
가치를 알다

현대 사회에서 우리는 속도나 효율을 쉽게 요구받습니다. 업무가 빠르다, 답장이 빠르다, 발이 빠르다. '빠르다'라는 것은 몹시 큰 가치를 가집니다. 그러나 '느리다'는 것 역시 훌륭한 가치를 가지고 있음을 우리는 점점 깨닫고 있습니다. 어떻게 '느림'을 삶에 도입할 것인지가 제 생활의 중요한 테마가 되었습니다. '천천히'가 아니면 못 하는 일이 있기 때문입니다.

예를 들어 골절 후에 재활 치료를 받는 일을 생각해 봅시다. 자기 몸의 반응에 주의하면서 조금씩 신중하게 나아가지 않으면 또 부상을 입게 됩니다. 치아를 교정할 때도 강한 힘으로 치열을 갑자기 움직이려고 하면 움직이지 않으며, 치아가 손상될 위험도 있습니다. 약한 힘을 천천히 계속 가해야만 서서히 움직입니다.

마음의 병도 '빨리 치료해 주세요'라고 안달하는 사람일수록 오히려 좋아지는 데 시간이 걸리는 경우가 자주 있습니다. '빨리 낫지 않으면 업무, 일자리, 그간 쌓아온 평판이 사라져 버린다'라고 걱정하는 것은 당연합니다. 그러나 그러한 공포감에 지배당해 휴식을 바라는 몸의 목소리를 무시하고 필요한 회복 시간을 착각해 버리면 상처가 더 깊어질 수도 있습니다.

또 심리요법의 종류 중에는 환자의 몸을 움직이게 하는 접근법이 있습니다. 그런데 그것도 '천천히' 하지 않으면 효과가 나오지 않는 경우가 있습니다. 불안을 억제하는 방법으로 임상에서 자주 사용하고 있는 것은 '천천히 호흡하는 것'입니다. 인간이 가장 치유나 안정을 느끼기 쉬운 호흡의 페이스는 '1분 동안 5.5회'라고 알려져 있습니다. 호흡과 기분, 감정은 깊이 연동되어 있어서 심리요법이나 명상 등이 우리의 생활 속에서 다양하게 활용됩니다.

물론 인간관계나 안정감에서도 '천천히'는 아주 중요한 의미를 가집니다. 앞에서 이야기한 것처럼 인간은 커뮤니케이션할 때 상대의 목소리 톤이나 말하는 속도, 표정 등을 읽어서 신경학적으로 파악합니다. 조급하게 몰아붙이듯이 말하는 상대보다 침착하게 천천히 이야기하는 상대에게 안정감을 느낄 수 있다는 점은 예상하기 어렵지 않습니다.

사이좋은 가족이 누워서 손을 잡고 있으면 그것만으로도 자연스럽게 호흡이나 심장 박동 리듬이 일치하게 된다는 예시도 있습니다. 이처럼 타인을 통해 안정감이 전해져 침착해지는 것을 다미주신경 이론에서는 '협동조절'이라고 하며 포유류에 있어서 매우 중요한 능력임을 강조하고 있습니다. 말하자면 '복측계의 연쇄'입니다.

평온하게 미소 짓고 있거나 침착하고 평온한 사람과 교류하면서 마음이 침착해지고, 반대로 초조하고 조급해하는 사람이 가까이에 있으면 마찬가지로 초조해지는 경험은 많은 사람에게 드문 일이 아닐 것입니다. 마음을 진정시키고 싶을 때는 마음이 평온하게 가라앉아 있는 차분한 사람과 교류하는 편이 좋습니다.

안심은 결코 말로만 달성되는 것은 아닙니다. 타인에게 안도감을 주고 싶다면 평소보다 두 배 정도 시간을 들여 천천히 움직이는 것도 좋은 방법일지 모릅니다.

30장   소셜미디어와 두 종류의 쾌감

　X(예전 트위터), 인스타그램, 페이스북, LINE…. 컴퓨터나 스마트폰의 보급 이래 SNS는 이제 우리 삶에서 빠트릴 수 없는 것이 되었습니다. SNS의 편리함은 말할 것도 없습니다. 전 세계의 사람들과 연결되어 전화나 메일보다 부담 없이 간단하게 의사소통을 할 수 있고, 자기 생각을 전 세계로 송신할 수 있으며, 다량의 정보를 순식간에 얻을 수 있습니다. 만나서 의사소통하는 것은 서툴지만 SNS를 통해서라면 타인과 커뮤니케이션이 가능한 사람도 있을 것입니다.

　직장이나 가정이 아닌 '자기 자리'를 가지는 것은 정신 건강에도 중요합니다. 주된 커뮤니티에서 어려움을 겪을 때 구명줄이 될지도 모릅니다. '자신이 존재하고 싶은 캐릭터'로 행동할 수 있도록 계정을 여러 개로 구분해 사용하는 것도 좋습니다.

　그러나 SNS는 우리의 가장 가까이에 있는 '강렬한 의존물'

중 하나라는 것도 알아두어야만 합니다. SNS는 뇌의 보상회로를 자극하여 도파민이라는 신경전달물질을 분비하고 쾌감이나 행복감, 의욕 등을 가져오지만, 그 자극이 강하며 쾌감을 준 대상에 대한 의존성도 높아집니다.

의존 물질을 사용할 때는 쾌감을 느끼는 만큼 사용하지 않을 때의 불쾌감 정도도 증가합니다. 그리고 의존 물질의 강한 자극이 아닌 약한 자극으로는 쾌감을 얻기 힘들어지기 때문에 사실상 전체의 '쾌감'이 줄어든다고 봐도 무방합니다. 그것을 채우기 위해 한층 더 의존적인 물질을 사용하며, 곧 그 외에는 쾌감을 얻지 못하게 되는 악순환이 일어납니다. 이것이 의존의 메커니즘입니다.

의존 물질의 조건으로는 이러한 것을 들 수 있습니다.

① 쾌락을 가져다주는 것
② 질리지 않고 계속할 수 있는 것
③ 손쉽게 얻을 수 있는 것

담배나 도박도 그렇지만, SNS 이용은 그보다 금전적 부담이 적고 그만두어야 할 시기가 정해져 있지도 않습니다. '업무에 지장이 생겼다', '스마트폰은 재미있지만, 다른 걸 할 의욕이 사라졌다'라고 느낀다면 주의해야 합니다.

'차나 버스에 타고 있다는 것을 잊어버린다', '주변에 있는 사람, 물건, 세상이 진짜가 아닌 것처럼 느껴진다'와 같은 해리 체험(다운 계열의 스트레스 반응) 빈도와 인터넷 의존도가 비례한다는 보고도 있습니다. 스마트폰을 과도하게 사용하는 것은 얼음 모드가 만연하는 하나의 요인이 될 수 있습니다.

코로나19 상황에서는 스마트폰 의존도가 더 높아졌다고 할 수 있습니다. 그것이 팬데믹에 의한 정신적 데미지에 박차를 가했을 가능성도 지적됩니다. 스마트폰 이용 시간을 줄이고 신체 활동을 늘리는 것이 이른바 '코로나19 우울증' 등 팬데믹으로 인한 심리적 악영향에서 벗어나기 위한 회복력을 높였다는 보고도 있습니다.

도파민이 나오는 '강한 쾌감'은 머리(뇌)가 원하는 것이며, 몸이 원하는 것은 다를 수 있다는 점을 유의할 필요가 있습니다. 인간은 본래 '느슨한 쾌감'에서도 풍요로움이나 행복감을 느낄 수 있습니다. 강한 쾌감은 인생의 향신료로써 중요하지만, '느슨한 쾌감'을 추구해 가는 것 또한 아주 창의적인 일이 아닐까 합니다.

도파민에 의한 쾌감은 성취감이나 고양감을 동반하지만 오래 지속되지 않습니다. 그것만을 좇으면 '쾌락이 더 필요해!'라는 연쇄 작용에서 벗어날 수 없게 되어 누릴 수 있는 풍요로움의 총량은 줄어듭니다. 느슨한 쾌감은 온화하고 수수하지만,

지속적입니다. 그렇기에 생활 속에서 지속적이고 느슨한 쾌감을 가능한 한 많이 집어넣고 양쪽의 균형을 맞춰가는 것이 상책이라고 생각합니다.

몸의 소리를 들으면서 '온화한 행복'이나 '뭔가 좋은 느낌'을 느낄 수 있는 일들을 발견하고 키워가는 것이 풍요로움의 기초를 일구는 과정으로 이어진다고 생각해 저도 매일 노력하는 중입니다.

31장 | 인정 욕구는 죄가 아니다

SNS 시대에 이르러 '인정 욕구'라는 말이 유명해졌습니다. 인정 욕구란 '타인에게 인정받고 싶다', '자신이 가치 있는 존재라고 인정하고 싶다'는 욕구를 말합니다. 과거엔 인정 욕구가 강한 것은 대개 부정적이라고 받아들여졌습니다.

그러나 타인과 커뮤니케이션할 때 '어떻게 행동해야 눈앞의 상대에게 인정을 받고 호감을 느끼게 할 것인가', '어떻게 유능한 사람이라는 생각이 들게 할 것인가', '어떻게 미움받지 않고 끝날 것인가' 등을 전혀 생각하지 않는 사람은 없지 않을까요? 다른 사람에게 자신이 어떻게 비칠지를 생각하는 것은 아주 자연스러운 일입니다. 사회 안에서 고립되면 살아갈 수 없기 때문입니다.

인정 욕구의 바탕은 '나는 인정받을 만한 가치가 있다'는 것을 상대에게 증명하고, 주변으로부터 인정받음으로써 고립되지 않고 살아남으려는 생존 본능입니다. 주목받지 못하면 살아갈 수 없기 때문에 주목받고 싶어 합니다. 이는 '다른 사람과 상호작용을 하며 살아남는다'라는 포유류로서의 전략입니다. 그러므로 인정 욕구는 필요한 것이며, 나쁘기만 한 것이 아닙니다.

그러나 지나친 인정 욕구 때문에 고통받는 사람도 분명히 있습니다. 인정 욕구가 괴로운 것은 '나의 가치'를 항상 증명하지 않으면 안 된다는 괴로움과 관련이 있습니다. 인정 욕구가 강하다는 것은 어떤 가치관에 의해 항상 남들에게 평가받아 왔다는 방증일지도 모릅니다. 그리고 모두가 어느 정도는 서로에게 '이 사람은 나에게 가치가 있는가'를 판단하는 시선을 들이대며 인간관계를 형성하고 있습니다. '상부상조'가 본질인 인간 사회에서는 어쩔 수 없는 일일지도 모릅니다.

그러나 그러한 것을 생각하지 않아도 되는 커뮤니케이션 역시 존재합니다. '판단하지 않는' 관계성은 안정감을 느끼는 데 매우 중요합니다. 사람은 누군가의 평가 대상이 되었을 때 방어적인 태도를 보입니다. 특히 약해져 있을수록 여유가 사라지고 교감신경이 작용하기 쉽습니다. 자신을 판단하는 사람에게서 멀어진다는 것은 위기 대응의 정석이라고도 할 수 있습니다.

32장 두 종류의 '인정'

　인정은 사람이 살아가기 위해 꼭 필요하지만, 과도한 인정 욕구가 풍요로움으로 이어지지는 않습니다. 인정을 잘 이해하기 위한 아주 중요한 포인트가 있습니다. 인정에는 '가치에 대한 인정'과 '존재에 대한 인정' 두 종류가 존재한다는 것입니다.
　'가치에 대한 인정'은 '돈이 있다', '일을 할 수 있다', '도움이 된다', '외모가 아름답다', '이야기가 재미있다'와 같이 뛰어난 가치를 지향하는 조건부 인정을 말합니다. '존재에 대한 인정'은 그 사람이 가진 '유용함'이나 '가치'를 불문하고 존재 그대로 받아들여지는 것, 존재만으로도 감사하다고 생각하는 무조건적인 인정을 말합니다. 그리고 여기서 진정한 안도감으로 연결되는 것은 존재에 대한 인정입니다.
　모든 인간관계는 두 가지 인정의 밸런스에 의해 성립되고 있습니다. 가치에 대한 인정으로 치우치면 합리적이고 사무적인 관계가 이루어집니다. '돈 떨어지면 정도 떨어진다'라는 것이 일반적입니다. 반면 존재에 대한 인정으로 치우치면 부모와 자식 같은 관계와 가까워집니다. 이해관계가 없어도 성립하는 관계는 좀 더 근원적인 안정감에 가깝습니다.

'그냥 거기 있어 주는 것'만으로 고맙다. 이렇게 서로 생각하는 인간관계를 조금씩이라도 늘려갈 수 있다면 어떨까요? 애쓰지 않아도, 너무 신경 쓰지 않아도 그곳에 있는 것을 받아들여 주는 사람과 그렇지 않은 사람. 내 존재에 대해 인정하는 태도를 가지고 대해주는 사람과 그렇지 않은 사람. 이 둘을 엄격히 구별하는 것은 인생에서 가장 중요한 기술 중 하나가 아닐까 생각합니다.

이전 저서 『참고 살 만큼 인생은 길지 않다』(예문, 2023)에서 저는 "당신을 소중히 여기지 않는 사람을 당신이 소중히 대할 필요는 없다."라고 이야기했습니다. 반대도 마찬가지입니다. 당신의 존재 자체를 소중하게 여기는 사람을 당신도 소중하게 여기고 진지하게 관계를 만들어가는 것이 안심할 수 있는 인간관계를 구축해 가는 길로 이어질 것입니다.

33장

어떤 상황에서도
'즐거운 마음'을 잊지 않는다

얼음 모드에서 벗어나는 데 아주 효과적인 접근법이 있습니다. 바로 '노는 것'입니다.

'놀이'란, 포지스에 따르면 복측 미주신경계와 교감신경계가 모두 작용하는 상태입니다. 복측 미주신경계에서 안심을 느낀 상태로 교감신경계의 에너지를 발산하는 것, 그것이 '놀이'입니다.

포유류의 새끼는 사람이든 개든 고양이든 상대가 '위험한 존재가 아니라는 것'을 알면 마음대로 놀기 시작한다고 합니다. 함께 노래하고 춤추고 흉내 내기 놀이를 함으로써 커뮤니케이션을 위한 복측 미주신경계를 발달시키는 것입니다. 아이에게 '놀이'란 아주 큰 의미입니다. 그리고 사람이 얼음 모드에 들어가 있을 때 다시금 천천히 액셀을 밟기 위해서 어떠한 '놀이'를 도입하는 것은 아주 합리적인 방법입니다.

하지만 어른이 '노는 것'이나 '즐기는 것'에 대해, 죄책감이나 불성실함 등 어딘가 부정적인 인식을 가지는 사람이 많지 않나요? 갤럽 사의 조사에 따르면, 많은 사람이 사회인으로서 일하기 시작하는 23세 무렵부터 웃는 횟수가 급격하게 줄어드는 것을 '유머의 절벽'이라 부른다고 합니다. '업무는 성실하게 해야 한다', '노는 것보다 일이 중요하다'라는 것이 많은 사람에게 '상식적인' 사고방식일 것입니다.

그런데 이 생각에 반대 의견을 제시한 사람이 있었습니다. 문화인류학자인 요한 하위징아는 '놀이야말로 인간 활동의 본질'이며 인류의 다양한 문화는 모두 놀이 속에서 생겨났다고 주장했습니다. 우리도 '노는 것'의 힘과 중요성을 좀 더 이해하고, 인생의 중요한 위치에 두어도 좋을 것입니다.

괴롭고 힘든 상황일수록 유머나 여유로움을 가지고 위기를 극복해 왔다는 사람이 많습니다. 유머는 교감신경계를 활성화하고 연결감이나 회복력을 높인다고 알려져 있습니다. 사람은 역경에 처해서 상황이 심각해질수록 무력감이나 절망을 느끼고 얼음 모드에 들어갑니다. 그러면 자신의 장점이나 본래의 힘을 발휘하지 못해서 상황에 압도당할지도 모릅니다.

'심각함에 대항할 수 있는 것은 유머다'라는 건 제가 아주 중요하게 여기는 사고방식입니다. 큰 상실을 겪었을 때나 절망적인 때일수록 실없는 소리를 하거나 오히려 장난스럽게 대처하려는 마음가짐으로 어떻게든 극복하는 경우도 적지 않습니다. 유머의 중요성은 누구든 몸소 경험을 통해 터득해 오며 신념에 가까워졌을지도 모릅니다.

　즐거운 마음은 인간이 인간답게 살아가기 위한 지혜라고 생각합니다. 어떤 때건 잊지 말고 소중히 간직하고 싶습니다.

34장   주어진 역할을 벗어던지고 '사람'이 되자

지금까지 건전한 것에는 흔들림이 있다고 반복해서 이야기했습니다. 휴식의 진면목은 복측 미주신경계를 건전하게 작용시키는 것으로, 그 기능의 본질은 '리듬'입니다. 리듬을 잃으면 자율신경의 모드를 변환할 수 없게 되고 흔들림을 잃게 됩니다.

우리는 환경에 따라 여러 가지 모드로 전환하면서 살고 있습니다. 리듬이 있는 것이 건전하고 인간다운 삶의 방식입니다. 물론 사회적 존재인 인간에게도 같은 말을 할 수 있을 것입니다.

과잉 적응이란 타인이나 사회가 기대하는 역할에서 벗어나지 못하고, 생물(사람)로서의 자신을 희생하여 타인을 위해 가치 있는 존재로 남으려는 것이라고 할 수 있습니다.

사회적인 역할을 다하며 타인을 위해 가치를 만들어내려는 자신(인간)과 주어진 역할에서 벗어나 그저 살아있는 존재인 자신(사람). 둘 다 모두 '자기 자신'이며, 양쪽을 왔다 갔다 할 수 있는 것이야말로 건전한 상태라고 할 수 있지 않을까 생각합니다.

그러므로 정말 중요한 것은 자신의 사회적 역할을 잠시라도 벗어날 수 있는 것이 아닐까요?

타인의 요구를 과하게 받아들이고 신경 쓴 나머지 커뮤니케이션 오버 상태가 되었을 때는 '모든 커뮤니케이션을 멈추고 은둔하고 싶다'라는 몸의 요구가 배측 미주신경계의 반응을 통해 나타납니다. 그 요구에 응하여 '얼음 모드에 돌입한 나'를 받아들이고 확실히 틀어박히는 것이 중요함을 강조하고 싶습니다.

정신건강의이며 뮤지션이기도 한 기타야마 오사무는 인생을 무대라고 비유했을 때, 안심하고 휴식할 수 있는 '마음의 대기실'이 필요하다고 말했습니다.

> "실제 연극에서는 관객에게 보여주는 무대뿐만 아니라 역할에서 내려와 맨얼굴로 돌아갈 수 있는 대기실이 있습니다. 그리고 인생에도 이 대기실에 해당하는 부분이 꼭 필요합니다."
> "관객이 보는 무대에서 내려와 혼자서 한숨 돌리는 장소. 남의 눈을 신경 쓰지 않고 맨얼굴로 있을 수 있는 곳. 그러한 '마음의 대기실'이 현실 세상에서도 필요합니다."
> "이 무대에선 자기 의사로 내려와서 대기실로 철수해도 됩니다. 그것을 알고 있으면 일시적으로 대기실에 돌아가 태세를 정비하고 또 무대에 다시 올라갈 수 있겠지요."

―『따돌림당해도 살아남기 위한 심층심리학』

    어디서 그런 '대기실'을 얻을 수 있을까. 그 역할은 친구가 맡아줄 수도 있고, 카운슬러 같은 정신건강 전문가가 담당해 줄 수도 있습니다. 무릇 '인간은 모두 똑같이 부족하고, 모두 똑같이 소중하다'라는 것을 진정으로 이해하고 있는 사람은 쓸데없이 타인을 판단하지 않습니다. 그런 사람에게 의지할 수 있는 부분은 의지하면서, 아주 짧은 시간이라도 좋으니 역할을 '내려놓을 수 있다면' 언제든 건전한 리듬을 되찾을 수 있을 것입니다.

    세간이나 사회는 우리가 생각하는 것만큼 절대적인 존재가 아닙니다. 당연하다고 생각하는 사회적 역할을 일시적으로 내려놓을 수 있게 되면 당신은 살아가기 위한 큰 힘을 얻을 수 있습니다. '그런 것에 계속 반응하지 않아도 된다'는 것을 당신의 몸이 알려주고 있습니다.

- '불꽃 모드'와 '얼음 모드'
- '격렬한 쾌감'과 '느슨한 쾌감'
- '머리로 생각한다'와 '몸으로 느낀다'
- '연기하는 나'와 '역할을 내려놓은 나'
- '사회적 존재인 인간'과 '동물인 사람'

이러한 여러 상태를 오가면서 '리듬을 가지고 흔들리는 것'이 인간다움을 되찾는 일이며, '휴식'의 가장 본질적인 가치라고 생각합니다.

브루스 리는 "생각하지 말고 느껴라(Don't Think, Feel)."라고 말했습니다. 저 역시 머리로 생각하는 것을 그만둘 수는 없지만, 몸으로 느끼는 힘을 길러서 밸런스를 잡고 싶습니다. 이 마음을 담아서 수험생일 때 왠지 모르게 좋아했던 영어 구문을 인용하며 이 책을 마무리하려고 합니다.

Not only 'Think', But Also 'Feel.'
('생각'뿐만 아니라 '느낌'도 중요하다)

읽어주셔서 감사합니다.

쉬어도 쉰 것 같지 않은 사람을 위한 책
정신건강의가 알려주는 진짜 휴식

발행일	2025년 6월 18일 초판 1쇄

지은이	스즈키 유스케
옮긴이	최서희
편집	박성열, 배선화, 신수빈
디자인	박은정
인쇄	재원프린팅
제본	라정문화사

발행인	박성열
발행처	도서출판 사이드웨이
출판등록	2017년 4월 4일 제406-2017-000041호
주소	서울시 영등포구 선유로 114, 양평자이비즈타워 705호
전화	031)935-4027 팩스 031)935-4028
이메일	sideway.books@gmail.com

ISBN	979-11-91998-50-4 (03180)

- 잘못 만들어진 책은 구입처에서 바꾸어 드립니다.
- 이 책의 전부 또는 일부 내용을 재사용하려면 사전에 도서출판 사이드웨이의 동의를 받아야 합니다.